名校解码

中学卷

解析名校之道　破译成功密码

陶继新 ◎ 著

山东城市出版传媒集团·济南出版社

图书在版编目（CIP）数据

名校解码. 中学卷 / 陶继新著. — 济南 : 济南出版社, 2023.10
　　ISBN 978-7-5488-5951-2

Ⅰ. ①名… Ⅱ. ①陶… Ⅲ. ①中学—校长—学校管理 Ⅳ. ①G637.1

中国国家版本馆CIP数据核字（2023）第212364号

名校解码·中学卷　MINGXIAO JIEMA ZHONGXUEJUAN
陶继新／著

出 版 人	田俊林
责任编辑	史　晓　陈　新　刁彦如　杨中牧
封面设计	陈致宇
版式设计	谭　正

出版发行	济南出版社
地　　址	济南市市中区二环南路1号（250002）
总 编 室	（0531）86131715
印　　刷	山东天马旅游印务有限公司
版　　次	2023年10月第1版
印　　次	2023年11月第1次印刷
成品尺寸	170 mm×240 mm　16开
印　　张	18.25
字　　数	200千
定　　价	69.90元
印　　数	1—5000册

（如有印装质量问题，请与出版社出版部联系调换，联系电话：0531-86131716）

自 序

关于报道名校与校长的著作,笔者已经出版了30多本,并在社会上产生了一定的影响。那么,为什么又出版这本《名校解码·中学卷》呢?因为它是笔者出版的此类著作中的上乘之作,书中的每所学校在当地乃至全国都有很高的知名度。这些学校之所以能够跻身全国名校之列,是因为各有其突出的特点:有的已经有了百年辉煌的历史,又在继承与创新并驾齐驱中斩获了更大的胜利;有的几年或十多年前尚属名不见经传的薄弱学校,可现在已是名扬全国的改革典型……

本书不仅采写它们持续发展的宝贵经验,而且揭示了其走向成功的内在规则。这样一来,全国各级各类中学甚至其他类别的学校可以从中各取所需,"拿来"为己所用,并在结合本校实际的前提下,实现超越既往的飞跃。

为了让广大读者在阅读本书之前对各所学校优质发展之道有基本的了解,笔者依次对每篇文章的主体内容和核心要义做如下简述。

从第一次与赵丰平校长交流到这次对他采访,笔者惊喜地发现,他本人已实现了凤凰涅槃般的生命飞跃,尤其是近些年来他对哲学著作等高层次文化持之以恒的学习与研究,让他具备了哲学思考与学理分析的思辨能力,进而在教育管理与教学实践中纵横捭阖、屡战屡胜。这无疑为山东271教育集团的不断腾飞注入了巨大的精神能量，让其课堂改革成为响彻全国的典型，课程建设、教师发展和学生自主管理等也独具特色，取得了骄人的成绩。这也让山东271教育集团从昌乐走向全国，成为拥有八九万学生的航母教育集团。山东271教育集团下属的各个学校，既持有山东271教育集团统一的教育理念，又因天时、地利、人和等因素呈现出各美其美之妙。

崔其升校长带领教师构建的"336"课堂教学模式，在相当长的一段时间里，成了不少学校争相学习的一种教学范式。崔其升的继任者张代英校长在传承崔其升课堂教学改革经验的同时又进行了创新，构建的2.0版"336"课堂教学模式，让教师在相对统一的教学范式下，又最大限度地激发出自身潜能，形成了各自的教学风格与个性。于是，教师教学时既统一又百花齐放的景象在山东省聊城市杜郎口中学蔚然成风。同时，课堂之上学生"当仁不让于师"的学习精神，让他们在激情四射的同时，又享受到了高效学习的快乐，并取得了令人欣慰的考试成绩，从而让这所学校有了更大的美誉度与信赖度。

传统与落后的教育体制机制让不少学校发展缓慢甚至举步维艰，而东北师范大学大连保税区实验学校在这方面进行了大刀阔斧而又科学有效的改革。其全员聘任制破解编制瓶颈、绩效工资制激发教师内在动力、量化考核机制让评价更具科学性……这些改革措施具有可操作性强、见效快、可以复制等特点。同时，其由此总结出改革成功必备的四大要素：一是要有系统思维，二是构建政府部门和学校双向互动的关系，三是要推动改革的关键项目在校内率先取得突破，四是运用法治思维对成果进行及时固化。这不但可以让学校当下的体制机制改革取得成功，而且使学校有了持久发展的保障，让"不待扬鞭自奋蹄"成为教师的一种生命常态。

近年来，济南市历城第二中学在升学率持续攀升之时，也自然而然地登临了全国名校的殿堂。可在笔者采访李新生校长和教师们的时候，他们却对考试成绩只字未谈，自始至终将目光聚焦于立德树人这一视角。教师们敬业爱岗、以校为家、爱生如子，彰显出学校的"勤志文化"，书写了壮丽而感人的篇章。一些表面上看起来与高考升学率关系不大的德育工作，恰恰是这所学校升学率持续攀升的关键。因为教师积极向上的生命样态，几乎无时无刻不在感染着学生，也让他们拥有了奋发向上、主动而学的自觉追求。学生取得优异的成绩就有了水到渠成之势。更重要的是，这样的学生学有所成之后，不但可以实现自己的生命价值，而且能为社会做出更大的贡献。

重庆市万州第二高级中学也是一所教学水平与升学率双高的学校。他们之所以构建学校的"诗意文化"，是因为李白、杜甫、白居易、郑谷、苏轼、黄庭坚、陆游、杨慎、来知德、陶澍等一大批文人墨客或为官作吏或旅居漫游时都曾在此吟诗留迹，所写的诗篇多达4000多首。学校充分利用和有效开发这些丰富的"诗意文化"资源，创建了"诗意文化"的理念体系、学校环境、活动课程、精彩课堂、人本管理等，不但让"腹有诗书气自华"的教师有了一展才思的舞台，而且让风华正茂、诗意盎然的青年学子有了学诗、写诗的心理向往与实际行动。于是，学生的高中生活不再枯燥乏味，而是诗意沛然，并摇曳出万千的文化风景。

河北衡水中学（以下简称"衡水中学"）每年考入清华大学、北京大学的学生有200多人，是全国几乎无人不知的一所名校。可是，笔者在采访时任校长郗会锁的时候，他却认为高考成绩再好，也不足以说明衡水中学的优秀，是"九大精神"让衡水中学有了令人瞩目的辉煌。就连华为技术有限公司主要创始人兼总裁任正非在接受中央电视台《面对面》节目采访时也提出"要向衡水中学学习"，还说"公司的战略预备队都在学习衡水中学的精神"，并派公司人员前往衡水中学学习。看来，高升学率只是一种外在的表现形态，其背后的精神文化才是这所学校的核心要素。积极向上的精神文化，不仅可以让学生考取好的成绩，还会使其在其他方面取得卓越的成就，乃至由此点亮生命的前程。

瑞安市新纪元实验学校远近闻名，在当地更是无人不晓，这不只是因为其一以贯之的高升学率和获得的众多荣誉，更因为其师生阳光向上的生命样态。这所学校长期以来开展的干部幸福工程、教师幸福工程、学生幸福工程系列活动，让师生一直荡漾在幸福的海洋里。其不是要求教师必须"春蚕到死丝方尽"，而是想方设法让教师的身体和心理健康得到更好的保障；不是要求学生死学，而是让学生吃出学习力、睡出学习力和玩出学习力。师生身心健康，才会有灿烂的笑容和持久的动力，才会有更好的发展。

石家庄精英中学在全国高中界极富盛名，这与李金池校长这个传奇人物有着密不可分的关系。他曾经创造了衡水中学的辉煌，又让石家庄精英中学起死回生，并成为全国竞相学习的典型。他创建的"高效6+1"课堂教学模式堪称响彻全国，而与之相得益彰的"三备两研"和激情教育，则让石家庄精英中学愈发彰显勃勃的生机。全国争相前去学习者，将其成功经验"拿来"为己所用，取得了相当理想的成绩。这种近乎可"复制"的经验，让很多学校甚至薄弱学校发生了巨大变化。更重要的是，石家庄精英中学形成了属于自己的学校文化，使身在其中的师生自然而然地拥有了"精英"的精神品质。

天津市耀华中学历史悠久而又名声斐然，迄今依然辉煌灿烂，除了继承优秀传统之外，新的理念与实践也是其走向成功的重要原因。他们从《学记》中说的"教学相长"延伸出"教教相长"，让教师在分享经验、合作共赢中群体前行。而"耀华教师风采墙"，则让教龄20年以上教师的照片荣登其上，在展示这些教师为学校所做贡献的同时，也让其享受到了广大师生的爱戴。引导青年教师做"个人发展规划"之举，则让教学时间较短的青年教师有了持续发展并走向成功的可能。而全体教师"视生胜子，认真负责"的人生使命，学生蓬勃向上的精神气象以及学校取得的卓越成就，也让这所学校拥有了持久的知名度与美誉度。

福建省泉州第五中学不但有着很好的高考成绩，而且学生在精神上拥有了"知之者不如好之者，好之者不如乐之者"的幸福。这既与学校提升教师素养、追求高效课堂、研究高效作业不无关系，又与学生主动学习、善于学习乃至乐于学习休戚相关。而高度关注学生的心理健康，也是其走向成功的重要经验。因为健康的心态能让学生拥有昂扬向上的精神状态，以及很高的幸福指数。这些又在无形中向各个领域辐射与延伸，从而让学生拥有了很高的学习效率，并取得了骄人的成绩。

江苏省苏州第一中学校有着极其丰厚的文化底蕴和古色古香的环

境，其持续积淀又不断升华的精神文化让这所学校长久立于不败之地。这所学校也是著名教育家叶圣陶的母校，其学习实践叶圣陶的"教育为人生""教育就是培养良好习惯"思想，为学生当下成长与未来发展注入了巨大的生命能量。这里既有全国教学名师，也有文化大家；既有高考成绩的佼佼者，也有继承传统的谦谦君子，以及创新求索、走向世界的当代成功人士。所以，笔者在先后前去采访与讲学中感受到了这个圣贤之地古今相传的精神血脉。

山东省青岛第二中学当是素质教育的一面旗帜，即使在很多高中学校周六周日加班加点地为学生上课与辅导的时候，它还是"我行我素"地为学生留出放飞的空间与天地。这不只需要先进的教育理念，同时，也需要一种培育人才的良知与勇气。对"青岛二中人"来说，良知与责任是其毋庸置疑的心灵考量，不能以牺牲当下学生的健康与幸福为代价而换取好的高考成绩。可喜的是，这所学校学生的高考成绩并没有每况愈下，反而长年持续稳居高位。由此可见，学校只有关注学生的身心健康与发展之道，才能够让学生享受素质与成绩二者兼得之美。

笔者以上对全书所做的简要介绍，只是本书的一个引言，意欲真正了解本书丰富的内涵及别出心裁之处，还需要阅读本书全部内容。诚如是，相信大家定会更加全面而深入地感受到各所学校不同的风采与精彩，并从中汲取有益的经验和生命的能量，让自己乃至学校产生某种生命飞跃，让师生拥有一个持久而又幸福的生命样态。

本书共收录笔者写的文章12篇，其中通讯报道8篇，对话文章4篇。接受采访的每一所学校都有精彩纷呈之美，笔者无意将其分出高低。所以，编排的时候，笔者将通讯报道与对话文章根据发表时间排序，距今近者放在前面，远者放在后面。

本书是"名校解码"系列的"中学卷"，此后还将推出"小学卷"。两本书有相通之处，同时也有各自的风格。

陶继新

2023 年 10 月 26 日于济南

目 录

生命从这里起飞与翱翔
　　——山东271教育集团发展简史 / 1

构建教学改革的生态场
　　——山东省聊城市杜郎口中学在传承创新中前行 / 44

"本立而道生"
　　——东北师范大学大连保税区实验学校体制机制改革述评 / 57

精神的光芒在这里绽放
　　——济南市历城第二中学立德树人的教育风景 / 71

让师生"诗意地栖居在大地上"
　　——重庆市万州第二高级中学"诗意文化"解读 / 117

精神铸就名校品牌
　　——河北衡水中学"九大精神"解读 / 137

创新适合师生发展的幸福教育
　　——瑞安市新纪元实验学校的价值取向与特色品牌 / 165

绝境突围，创造奇迹

——石家庄精英中学的崛起之道 / 181

慧心育桃李　激情铸华章

——天津市耀华中学精彩回放 / 216

减负与提质的内在和谐

——福建省泉州第五中学的卓越品质与教育方略 / 234

像叶圣陶那样做教育

——江苏省苏州第一中学校的书院精神与名校风范 / 250

用先进的理念引领学校发展

——山东省青岛第二中学的良知责任与发展走向 / 265

生命从这里起飞与翱翔
——山东 271 教育集团发展简史

赵丰平校长实施教育教学改革之初,笔者便走进过他曾任校长的山东省昌乐二中(以下简称"昌乐二中")。此后,笔者又多次前去讲学、考察和学习,感受到赵丰平校长实施教育教学改革,并非一时心血来潮,他走的不是学习其他改革典型的老路,而是一条有着高屋建瓴的哲学思考、别具匠心的创新之路。由赵丰平及他的团队一起打造的山东 271 教育集团的发展之路,通向一个丰富多彩的博大世界,也让赵丰平校长登临成功的殿堂。限于篇幅,笔者无法将山东 271 教育集团的发展史全面呈现出来,只好"弱水三千,只取一瓢饮",选取几个方面略做述说。尽管如此,相信读者依然可以窥斑见豹,领略到"风景这边独好"之美。

改制之痛不期而至

1982 年,年方 19 岁的赵丰平从中等师范学校毕业后,在昌乐三中工作了两年,于 1984 年被调到昌乐二中担任英语教师;此后,他又陆续担任备课组长、教研组长、班主任、教育处副主任、副校长；1999年，36岁的赵丰平任昌乐二中的校长。

雄心勃勃的他决心大干一场，要让这所有4000个在校生、80个班，却只占50亩（约33333平方米）地的"袖珍学校"，与全县公认的最优质的学校昌乐一中一争高下。要想达到这个目标，他首先就要对学校进行扩建、改建。可由于资金等一系列问题，在2021年之前，改建对于昌乐二中来说一直是一个虚无缥缈的梦。不过那时，昌乐二中的教育教学改革已经在社会上引起了广泛关注。

2001年年初，昌乐县新任县长来昌乐二中视察，对赵丰平说："你们的教学改革势头这么猛，学校却这么小，不能再在这个老地方继续办学了。"

赵丰平欣喜不已，心想：这不正是自己的想法吗？所以，他就对县长说，准备把学校占地面积扩大到100亩（约66667平方米）。

赵丰平的话尚未说完，县长便下达了指示："不能再在这个地方修修补补了，要建一所新学校；不过，要改制成民办学校！"

"改制"这两个字击得赵丰平晕头转向，因为他知道改制意味着这所公办学校的正科级干部从此没有了级别，全校所有教师的"铁饭碗"也会因此被砸破。虽然有一万个不同意的声音在他心里回荡，但他沉着冷静地思考了一番，并没有完全否定改制这条路。

随后，赵丰平顺应县里的要求对昌乐二中进行改制。至于改制能否成功，赵丰平心中全然没数。之后不长时间，昌乐二中便改制为自收自支的民办学校。

往日乐观爱笑的赵丰平，脸上变得阴云密布，而改制的痛苦持续折磨了他三个多月之久。

老子说："祸兮，福之所倚；福兮，祸之所伏。"2002年春天，济南的一个老板为昌乐二中投资两亿元，随后昌乐二中建起了新学校，一所昂扬着生机的民办学校开始了它的探索之路，此后结出的累累硕果又让这个新学校进入全国名校之列，而赵丰平也由此拉开了他艰苦卓绝又辉煌灿烂的人生序幕。

百折不挠变革课堂

改制对于赵丰平来说无异于逼上梁山，可既已上"山"，就不能坐吃山空，必须生存下来，甚至还要发展起来。况且，这也并非不切实际的幻想，因为这种民办体制更能激活教师的思维，逼迫他们主动学习，提高工作效率。

作为领军人物，赵丰平打算背水一战，而且要求自己只能胜利，不能失败。本来就有着积极思维与创新精神的他，在这种特殊形势下，感到必须更新教育观念，并在反复思考之后提出了十大办学理念，试图由此走上文化治校的长久之道。

学校的教师在感到形势严峻的同时，也为赵丰平的前瞻性理念和教育的大智慧折服，工作倍加努力，整个学校呈现出前所未有的蒸蒸日上的局面。而这种积极的生命样态，也在有形和无形中激发了学生奋发向上的学习热情。到2004年，这个原来名不见经传甚至被人认为走向穷途末路的学校，教育教学成绩竟然跃居潍坊市前三名。很多人惊诧于这匹绝地逢生的"黑马"竟有如此强的生命力。是年，潍坊市教学工作现场会议在昌乐二中召开，参会者目睹了昌乐二中师生昂扬向上的精神状态。这个时候，即使此前对昌乐二中不屑一顾者，也多投去了几分羡慕与欣赏的目光。

赢得如此多的赞许，取得这么大的成绩，本以为赵丰平会躺在胜利的安乐椅上高枕无忧地庆贺一番，但他却在思考这样一个问题：办学难道就只是为了让学生考取高分吗？若干年后，甚至几十年后，这些当年引以为傲的高分还会有多少价值？国家对教育的要求与一味追求升学率之间有着多么大的差距！国家要求教育培养德才兼备的人才和社会主义的建设者，可大多数教师、学生、家长等却将目光紧紧地盯在考试分数上。

赵丰平也承认，高中教育不能不关心分数，可是，只看分数甚至以分数定"乾坤"的思维走向，是否能让孩子在若干年后成为国家的栋梁之材呢？

当很多高中学校的校长紧抓升学率的时候，赵丰平却在苦苦地寻求一个答案。

他要到古今中外的先哲那里寻求答案，并由此疯狂地研读起教育学和哲学的经典著作。他读亚里士多德、柏拉图、杜威、雅斯贝尔斯、尼采、洛克、卢梭、苏霍姆林斯基等的作品，也读孔子、孟子、王阳明、叶圣陶、陶行知等的文章。

两年持之以恒的研读，让他逐渐看清了教育的本质——真正的教育是为了人更好地成长，而不是只为了获取知识与追求考试成绩。教育、教学和教书绝对不是一回事。现在，大部分教师在教书，也就是将自己懂得的知识灌输给学生；教学不是教书，而是教师"开而弗达"地引领学生自己去学，进而让学生抵达"善学者，师逸而功倍，又从而庸之"的境界；而教育则是激发学生的潜能，培育他们未来的创造力，最重要的是培育其拥有人性的光辉。如果非要为其价值赋予一定分值的话，那么教书的价值为 30 分，教学的价值为 60 分，教育的价值则为 100 分。

一、改革之初屡战屡败

找到答案后，赵丰平便于 2005 年秋季开学之后，毫不犹豫地在高中开放课堂，实施分组合作探究模式，大刀阔斧地进行教学方式和学习方式的变革。遗憾的是，一开放课堂，教师不会教了，学生不会学了。仅开放一周的时间，便出现教师有意见、学生有意见、家长也有意见的局面，只好重走老路。可赵丰平知道不应当走回头路，于是，又开放课堂，两周之后，又遭到各个方面的反对，只好再次中止开放课堂。不过，他继续研究，此后又一次开放课堂，结果重蹈覆辙，再次败北，只好再走回老路。

因为传统的教育教学观念已经在教师、学生和家长脑子里根深蒂固，所以他们不但不认可赵丰平的课堂教学改革，反而耻笑他，甚至有人骂他是一个疯子。还有人断言，如果让赵丰平这样折腾下去，已经小有名气的昌乐二中必然被他糟蹋得一败涂地。

这个时候，赵丰平真正体味到了"众口铄金"这一成语的含义。

好多天晚上，他在床上辗转反侧，难以入眠，心想：这到底是怎么了？难道自己真的错了吗？可经过再三思考之后，他反而更坚信改革是昌乐二中真正走向未来乃至创造辉煌的唯一出路。

于是，2006年春季开学之后，他又在四个班实施开放课堂，可依然得不到认可，依然以失败告终。无奈，昌乐二中又回到了先前的"教书"状态之中。

二、知难而进初获成功

赵丰平这个孤独的思想者，又一次到书里探求出路。他开始研读彼得·德鲁克、杰克·韦尔奇、稻盛和夫、松下幸之助以及王阳明等的著作，从他们那里汲取思想的力量，而且比以前更加关注对人的研究。在这期间，对开放课堂耿耿于怀的他，一直在伺机而动。不过，这次他没有贸然行动，而是走到教师和学生之中，与他们一起探讨教学改革的方略。同时，他也在积蓄能量，寻找最佳的突破口。

2007年秋季开学后，赵丰平认为时机已到，于是将初一年级14个班的课堂全部开放，课堂教学全部实施分组合作探究模式。两周之后，他所期待的新的课堂教学模式基本成型。

于是，赵丰平"乘胜追击"，对尝试教学改革的教师加以鼓励和表扬，并与他们共同研究、商讨开放课堂的具体路径。此外，他还深入学生之中，征求他们的意见，甚至与他们一起探讨如何更加有效地开放课堂。

◎ 赵丰平深入一线课堂调研

　　快到期中的时候，赵丰平感觉到有些教师受到了鼓励，看到了开放课堂的一线希望，学生也尝到了作为学习主人的美妙感觉。于是，他又将初二和初三年级的课堂全部开放。到期中时，这些班级的考试成绩并没有因为改革而下降。于是，期末考试之后，赵丰平把高一和高二年级40个班的课堂全部开放，也实施分组合作探究的课堂教学模式。

　　赵丰平发现，课堂教学改革越来越受学生欢迎，有些教师也尝到了改革的甜头。不过，有的教师教育观念依旧没有变，并在课堂上"阳奉阴违"，与赵丰平周旋。赵丰平到教室检查的时候，他们就装模作样地组织学生分组合作探究；赵丰平不"光临"课堂的时候，他们就回归传统教学。甚至到了2008年春季和秋季，这种情况还先后出现了两次"复辟"。

究其原因，赵丰平心知肚明，并非因为这些教师没有责任心，关键在于他们的教育观念有问题。他们认为，学生自己学习，很难真正明白所学的知识。而教师将这些知识讲明白后，学生听了自然也就学会了。但事实上呢，即使教师讲得明白，学生当时听得也明白，可是，不长时间，学生就会将这些知识忘得无影无踪，考试成绩也不会理想。

其实，美国科学家早已研究出24小时后知识再现的规律：只用耳朵听讲授，24小时后知识在大脑保留5%；只用眼睛去阅读，24小时后知识在大脑保留10%；分组讨论，24小时后知识在大脑保留50%；实验操作、练习，24小时后知识在大脑保留75%；向别人讲授、互相教，快速应用知识，24小时后知识在大脑保留90%。

赵丰平当然知道这一知识再现的金字塔规律，所以，他变革课堂，实施分组合作探究模式，并让学优生向学困生"讲授"知识。同时，他还有了新的发现：一个班里学习成绩在前20名的学生，在这种课堂模式下不但学习能力得到提升，而且在教其他学生的时候，取得了比教师更好的效果。

于是，在教师大会上，赵丰平非常严肃地说："如果课堂上教师以讲为主的话，就等于剥夺了学生自主学习的权利。那么，我就会把你从讲台上拽下来。"尽管如此，有的习惯了传统教学方式的教师，依然在"重复着昨天的故事"。而赵丰平一旦发现这种情况，便声色俱厉地把这样的教师拽下讲台。经过这次"严惩"之后，教师便不再重走老路，无奈之下，只好研究如何进行分组合作探究学习。时间一长，教师惊喜地发现，学生上课比以前积极了，学习效率提高了，成绩也比以前好了，而且他们和学生的关系也融洽起来。这个时候，即使赵丰平不再搞"袭击"，他们也不以讲为主了。

笔者曾采访过一位曾经被赵丰平从讲台上拽下来的教师，他先是不好意思地苦笑了一下，说："往事不堪回首啊！"可随后，他又眉开眼笑起来，说："你可别说，那件我一辈子都忘不了的丢人的事，却让我走上了一条幸福的教学之路。为什么呢？因为我教了半辈子学，学生从来没有像现在这样喜欢上我的课，我天天忙得不亦乐乎，又天天身处幸福之中。我经常对人讲，赵丰平校长是我有生以来最让我下不来台的人，同时，他也是给了我后半生幸福的人。"

其实，赵丰平也一边忙着，一边幸福着。因为他所追求的教学改革越来越深入人心，越来越得到教师、学生、家长和社会的认可。

当有人问他改革成功的原因时，他几乎不假思索地回答道："至少有五个原因：一是我自己明白了改革是让学生更好成长的必由之路；二是我们的干部、教师对我非常支持与信任；三是学生及其家长成了教学改革的同盟军；四是学生的考试成绩及综合素养不降反升，得到了社会的认可；五是我总结出了一套切实可行的教学改革体系，从而把我个人的思想变成了教师和学生自觉的行动。"

在这个时候，对于"苦尽甘来"这一成语，赵丰平可谓感受至深。但在初尝成功之果的甘甜后，他非但没有骄傲自满，反而又踏上了新的征程。

教育集团应运而生

随着昌乐二中的教学改革取得一个又一个硕果，其知名度、美誉度和信赖度与日俱增，意欲加入昌乐二中麾下、共享其改革红利者已跃跃欲试；而秉持"己欲立而立人，己欲达而达人"理念的赵丰平，也在思考如何让昌乐二中的教学改革造福更多的孩子。

起初，赵丰平心想：此前已有一些名校办分校的先例，何不也办一些分校，让他们"复制"昌乐二中的教育教学模式，迅速崛起呢？

2008年8月，潍坊市奎文实验初中（现为潍坊市奎文区圣卓实验学校）第一个成为昌乐二中的分校，不长时间，便取得了令人瞩目的成绩，从而受到广泛的关注；2011年，云南农业大学附属中学、潍坊峡山二七一双语小学两个分校又相继诞生。

赵丰平发现，三所分校加入后，学校的管理工作量大幅度增加，而要求继续成为其分校者又翘首以待。

一、教育集团的诞生与"扩张"

2012年暑假过后，赵丰平和几个副校长研究后决定，为适应学校规模的日趋扩大，成立山东271教育集团。

究竟什么是"271教育"？作为总校长，赵丰平为其下了一个言简意赅的定义："2"是教师和学生两个队伍；"7"是语言与表达、数学与逻辑、艺术与审美、体育与健康、科学与技术、人文与社会、实践与创新七个学习领域；"1"是教师与学生和谐为一，每个人都整体发展。

很快，271教育理念系统也相应诞生——教育信仰：没有学不好的孩子；教育使命：回归教育本真，创新适性发展，坚守民族梦想，影响中国教育；教育价值观：帮助每一个孩子发现自己、成就自己，让每个孩子快乐地走向自我教育；教育愿景：把271教育办成学生怀念、教师幸福、社会信任的伟大教育，让每个孩子的一生成为一个精彩的故事；教育目的：培育人性光辉，播种人生智慧；271教育培养目标：卓越品质、家国情怀、全球视野。

随后，集团又相继制定并颁布、实施了《271教育基本法》《271教育课程大纲》《271教育课堂大纲》《271教育管理大纲》和《山东二七一教育集团三年发展规划纲要》。

这一既有着丰富而成功的教育教学经验，又构建了属于自己的精神文化系统的教育集团问世之后，立刻引起了广泛的关注，一些心向往之而又早有"预谋"的学校，便先后成为山东271教育集团这个大家庭中的一员。

2012年、2013年和2014年先后各有两所学校，2016年和2017年先后各有三所学校，2018年和2019年先后各有一所学校加盟山东271教育集团。于是，有着17所学校、81000个学生的超大规模的教育集团从潍坊走向了山东，又走向全国乃至世界。

山东271教育集团规模的不断扩大与其质量的持续提升有着内在的联系。其实，在山东271教育集团成立之前，昌乐二中的高效教学模式已经形成，并产生了很大的影响。山东271教育集团成立之后，在教学模式不断优化的同时，其课程、课堂、管理以及运营模式也日趋完善。到2018年，山东271教育集团所有的教育教学模式不但构建完毕，而且提升到了一个现代化、科学化的高层境界。而从2018年始，山东271教育集团又和国家课程中心深度合作，并成为他们的一个实验区。

目前，山东271教育集团已经发展成集教育研发、教学管理、培训交流、品牌推广、研学旅行、学生实习、农场建设等于一体的大型公益性教育集团，成为在全国具有很大影响和较大发展体量的教育品牌。

二、共同"富裕"的格局与品质

创办山东271教育集团的初心是什么？或者说，什么是山东271教育集团的价值追求？在这一点上，赵丰平和他的团队一开始就有清醒的思考，那就是独创一个符合教育规律、符合学生生命成长需要的素质教育模式，把更多的学生从传统应试教育中解救出来，福泽生命，造福社会。

应试教育对学生的伤害很大，赵丰平早就深恶痛绝。在他起初担任英语教师的时候，他就已对应试教育进行了力所能及的反击。而就任校长之后，他便决心改变传统的教学模式，走上了一条教学改革之路。在他的努力下，他实施的教学改革取得了理想的效果。一个突出的表现是，蕴藏在学生身上的潜能被激发，学生彰显出"恰同学少年，风华正茂"的生命力，快乐与幸福也在他们年轻的脸上荡漾起来。学生不但学得轻松，而且学习效率也远超以往，更重要的是，他们拥有了一种不竭的创新动力，久违的灵感也频频闪现。他们喜欢学习，心系校园，热爱生活，勇于担当，这样的他们在校园里是名副其实的好学生，而到了社会上也一定会成为有素质的好公民。而且教学改革之后，学生的成绩非但没有下降，反而越来越好。这不正是教师、家长和社会所希望的吗？曾一度寻寻觅觅的真正的素质教育，在赵丰平和集团的共同努力下，从"山重水复疑无路"走向了"柳暗花明又一村"。

昌乐二中一所学校教育教学如此美好固然可喜，而让更多的学校与他们分享幸福的教育，既体现了昌乐二中的责任担当，又彰显出其大的格局与高尚的品质。尤其是那些各方面力量薄弱的学校，他们通过"复制"山东271教育集团的教育模式，让更多的学生走向美好与光明。

云南省永平县第一中学（简称"永平一中"）是山东271教育集团帮扶的一所学校，校长查明珠年轻而又对教育充满感情。可是，永平是一座地处我国西南边陲的小县，以前由于教育教学质量不高，学生大多感到前途无望，家长也是忧心忡忡。可自从永平一中加盟山东271教育集团之后，不太长时间，这一切便发生了很大的变化。查明珠校长脸上露出了灿烂的笑容；学生朝气蓬勃、意气风发，昂扬出一种积极向上的精神气象；家长也因看到孩子的改变，对未来充满希望而舒展了眉心。

当媒体记者采访查明珠校长，要她简要说说关于学校的几个突出变化时，她不假思索地回答了四个大的变化。

第一个大的变化是学校管理人员和教师教育理念与思维方式的改变，从原来惯用的"一刀切"和强控制、严管理，转变为一切从学生的生命成长考虑，为他们提供更多的成长舞台，让他们挥洒天性，快乐学习，幸福成长。

第二个大的变化是"复制"了山东271教育集团的班级管理改革经验，实施学生自主管理改革，真正做到了"我的班级我做主"。让学生自主制定班规、自主管理班级事务、自主组织各项活动、自主建设合作小组等措施，使学生真正成了班级的主人。在这个过程中，学生管理才能得到淋漓尽致的发挥，在很多方面超乎教师的想象，取得了意想不到的效果。同时，学生也因此拥有了自信心与自豪感，从而真正让青春绽放出应有的光彩。

第三个大的变化是学生真正成为学习的主人。从自主学习与思考，到组内热烈讨论，再到学优生对学困生有的放矢的帮扶，分组合作探究学习模式的实施不但从整体上大大提高了学生的学习效率，而且也大大增强了学生的合作意识。《周易》上说的"二人同心，其利断金；同心之言，其臭如兰"的精神景观，在学生那里已经闪耀出光芒。

第四个大的变化是教师的教育观念的更新与教学水平的提高。分组合作探究学习等学习方式变革让学生步入高效学习的殿堂，而教师教学方式的变革同样起到了至关重要的作用。为了改变教师以讲为主的教学方式，山东271教育集团对永平一中的教师进行了无偿而又有效的培训。一方面，山东271教育集团将非常优秀的学科主任和班主任派到永平一中支教，一次时间长达半年之久。另一方面，在寒暑假期间，永平一中的教师前往昌乐二中及其他分校参加全脱产培训。因为要想真正改变教师固有的教学观念与方式，绝非一朝一夕的事，也不是开展一两次讲座与培训就能够立竿见影的。有的时候，对于某些先进的教育理念，要反复说给教师听，并且要说出为什么这样做。再者，不仅要讲明白，而且要让教师听明白，更重要的是还要让教师主动去实践。在实践过程中不免会失败，这时就应总结经验，然后再行实践，直到得心应手。如此而为，教学方式的变革才算成功。而教师教学方式的变化，自然催生了学生学习方式的变革。这样一来，真正的高效教学就得以实现。

查明珠说，她和赵丰平已经是一种亦师亦友的关系，并为此而深感欣慰。不过有一天，她半开玩笑地对赵丰平说："不管什么时候，不管什么原因，你可都不能丢了我这个远房的穷亲戚啊！"

赵丰平也半开玩笑地回应她："你现在可不是穷亲戚了，已经'发家致富'了，以后还会变得越来越'富'，到时候，可别忘本啊！"

于是，两个人都开怀大笑起来。

孔子说，"益者三友"，"友直，友谅，友多闻，益矣"。赵丰平认为，与查明珠以及她的团队交朋友，真是"益矣"。因为从第一次与查明珠见面，赵丰平就被她那真诚而又渴望得到帮助的眼神打动了。随后见到学校里的学生时，他再一次被那一双双真诚而又渴望成长的眼神打动。从那时起，赵丰平就下定决心，不管遇到多少困难，花费多少时间和精力，都要与这里的校长、教师和学生长期交往下去，并要与他们成为终生的朋友。这不但对他们有益，而且对自己和山东271教育集团都很有益。因为山东271教育集团帮扶永平一中的同时，永平一中也会让山东271教育集团拥有更加富饶的精神财富。特别是当下作为学生的孩子，以后成为国家栋梁之材的时候，山东271教育集团该会感到何等骄傲与自豪！

因此，赵丰平经常不无欣慰地说，创立山东271教育集团，让我们走上了一条利在当下、功在千秋的精神致富之路。

构建三大主体课程

课程对于校长与教师来说，是一个非常熟悉的概念。可赵丰平所说的课程，内涵更加丰富，外延更加扩展——天地间万事万物、一切与孩子生命成长有关的认知和活动，都属于课程的范畴。囿于篇幅，笔者只就山东271教育集团的三个主体课程略做介绍。

一、生本化的国家课程

赵丰平认为，国家课程体现着国家意志，是国家教育的事权，不但要开全开齐，而且要开好并开出特色。不过，不管是教师之教，还是学生之学，都不应对国家课程照本宣科，采取不加"消化"的"拿来主义"，而应当将其校本化、师本化和生本化。

1. "大单元整体学习"让国家课程落地生根

真正要让国家课程校本化、师本化和生本化地扎实落地，除了需要教育理论的支撑和实践外，更需要创新出适合学生学习成长的、推动课程落地的"大单元整体学习"模式。

有人也许会说，这与早就在课堂教学中实施的"大单元整体教学"不就是一回事吗？

◎ 一切与学生生命成长有关的认知和活动都是学生生命成长的课程

赵丰平认为，两个概念虽然只有"教学"和"学习"字面上的差别，但内涵与外延却大相径庭。"大单元整体教学"更多关注的是教师之教，而"大单元整体学习"更多关注的是学生之学；前者从本质上说并没有走出师本位怪圈，而后者则体现了以学为主体的课程思想。

"大单元整体学习"在教学形式上推陈出新，采取两节课连排、整体认知的学习方式，避免认知时间、认知内容、认知心理的碎片化，每一个"大单元整体学习"课程，学生都把一个单元的所有内容作为一个整体去独立自主地感知、探究，都经历四个学习探索阶段。

第一个学习阶段是整体感知。以语文学习的某一个单元为例，要求学生对大单元中的所有课文运用"两快一慢法"通读三遍。"一快"是大概梳理出每篇文章的内容，"二快"是大概写出每篇文章的结构，"一慢"则是看看每篇课文写了什么，并归纳出每篇课文的主题。

在这个过程中，不再进行传统意义上的零碎知识点的讲解或学习，而是让学生结构化地认知这个大单元的整体概况，然后让其自主地进行整体的构建。

第二个学习阶段是探究构建。探究重点课文内部的逻辑和思想、方法与技巧，探寻如此而为的原因，并将所学知识与其他学科以及生活有机链接起来，丰富结构，探寻奥妙。

第三个学习阶段是迁移提升，即将自我构建的学科体系形成学科思想，应用到现实生活之中，生成学科素养，从而迁移提升。在这个过程中，学生要清楚自己获得了什么样的能力，要有属于自己的理解，并讲出用了什么方法，解决了什么问题，进而提升核心素养。

第四个学习阶段是重构拓展。在整个学习过程中，学生整体建构学科结构、学科本质、学科体系，通过探究形成自己的学科思想，并学以致用，解决社会生活中的具体问题，生成应有的学科核心素养。结合所学，针对社会生活中的问题，仿写一篇文章，表达自己的思想，展示学科素养。同时，这个单元中的所有知识点也要全部过关。

"大单元整体学习"从根本上改变了教师的教学方式，教师由原来自由地教，变成了"道而弗牵"地引领着学生自己主动地学。它要求教师不但要改变教学观念，还要从更有利于学生学的角度，站在课程的高度，重新建构一个整体的课程认知体系，按照学科的本质和逻辑，针对学生核心素养的形成，重新组合一个又一个整体认知的大单元。这对于教师来说无疑是一个极大的挑战，休说那些传统教学观念难以改变、沉醉于零碎知识讲解的老教师，即使是年轻教师也很难适应。

为此，赵丰平以及一些先行者不但要对其他教师苦口婆心地讲，还要手把手地教。在相当长一段时间内，赵丰平累得苦不堪言。不过，累过苦过之后，收获也非常可观。赵丰平说，目前山东271教育集团的教师，不但研究教材，而且研究学生；不但研究如何教，而且研究如何让学生高效地学。为此，集团组织教师自编了一套从小学到高中全学科覆盖的学科学习设计与指导用书，为学生提供更加符合发展实际、更能体现主体地位、更加有效帮助学生学习的课程资源，从而让教师告别了以讲解零碎知识为主的教学方式，开始从一个独立大单元整体上把握教材，厘清学科大概念、课程大概念和"大单元整体学习"的所有内涵和外延，并进行整体备课、整体教学，激发学生对一个大单元整体自主探究、自主学习的兴趣。

以前，学生上课之前大多愁眉苦脸，上课时也多是被动地学习，他们所做的只能是等待被灌输知识，等待被强化记忆和训练，一切都是被动的，学习效率非常低。而实施"大单元整体学习"之后，学生的状态发生了极大的转变，他们开始喜气洋洋地走进教室，主动积极地学习。这种学习模式不但大大提高了学生的学习效率，而且让学生感到学习是一件非常有趣的事情。学生原先认为有些知识教师不教自己就不可能掌握，现在通过自己的学习与思考，或者合作学习之后，不但能够掌握，而且有时还可以举一反三，根据自己的理解创造出自己的应用方法。"大单元整体学习"构建的学习内容不再是碎片化的知识，而是一个整体认知系统。以前所谓的"总—分—总"学习方法，被现在的"总—总—总—总—总"学习范式替代，任何一个知识点与其他知识点都不是相孤立的。以前那种只见树木不见森林的学习方法，永远抵达不了整体理解知识的殿堂。而现在，总的问题解决了，分的问题也多迎刃而解，且在解决过程中有总的问题做明确引导，此之谓纲举目张也。所以，通过"大单元整体学习"，学生不仅可以整体把握这个大单元的结构、逻辑和体系，还能够学以致用，创造性地将所学知识应用到现实生活实践中。同时，学生得到一种积极的心理暗示：此前未能解决的难题，自己往往可以通过"大单元整体学习"解决；即使自己难以破解，也能通过小组合作探究，在群体智慧的碰撞中解决。

中国第一篇教育教学论著《学记》有言："善学者，师逸而功倍，又从而庸之；不善学者，师勤而功半，又从而怨之。"这句话的意思是说，善于学习的人，教师不费太大力气却可以达到事半功倍的效果，而且还会归功于教师；不善于学习的人，教师教得非常辛苦可效果却是事倍功半，而且还会抱怨教师。加入山东271教育集团的学校，往日教师苦教、学生苦学，学生成绩却不佳、师生关系却不和谐的情况一去不复返了，取而代之的是学生对学校的喜爱、对教师的尊敬和对美好未来的向往，以及呈现出来的蒸蒸日上的景象。

2. 阅读和体育成为第一课程

"大单元整体学习"在大大提升学习效率的同时，还让日常的课时安排"宽裕"起来。于是，一向被赵丰平高度重视的阅读课程和体育课程成了学校的第一课程。

这与赵丰平的阅读史有关，他就是阅读的受益者。于是，在他的引领下，山东271教育集团形成了自己的阅读观："书卷气是一个人最好的气质，书香气是一个校园最好的氛围。"为此，集团制定了《山东省271教育阅读课程标准》，让阅读成为一门正式课程。该标准规定初中每周10节阅读课，高一、高二每周6节阅读课，高三每周4节阅读课，确保了学生有充裕的阅读时间；同时，规定初中生每年阅读40本书，高中生每年阅读30本书，从而保障了阅读量。

山东271教育集团每开办一所新学校，就先建图书馆，配齐各年级学生需要阅读的图书。图书馆中很少有应对考试的辅导材料，多是适合不同年龄阶段学生阅读的高品质的图书。因为读书有一个走向：取乎其上，得乎其中；取乎其中，得乎其下。所以，赵丰平希望学生尽可能地阅读上乘之作，让优美流畅的文字帮助学生构建完备的语言系统，让大师们的思想之光照亮他们的生命前程。唯有如此，才能真正让图书滋养学生的生命。除此之外，学校还举办丰富多彩的主题阅读活动，评选"阅读之星"，鼓励学生参加课本剧表演、读书会、学术报告会，出版著作等。于是，阅读成了山东271教育集团一道独特的风景，也成了一个真正意义上的课程品牌。

与阅读课程并驾齐驱的是体育课程。身体是一个人的生命之本，那种以牺牲学生身体健康换取考试成绩的做法，在赵丰平看来不仅有悖于素质教育的要求，而且丧失了基本的人性。为了保证学生的身体健康，集团增加了体育课课时，让学生利用课外活动时间和双休日自由参加各种社团活动，确保小学生每天活动两个小时，中学生每天活动一个半小时。同时，集团规定每一个学生都要掌握3~4项体育项目，跑步则是必须掌握的项目之一；有游泳馆的学校，学生必须全部学会游泳；此外，所有学生都要掌握一项球类运动的所有技能，且能够参加比赛。

学生身体好了，心情也明媚起来，不但平时走路时昂首挺胸、朝气蓬勃，上课时也更加专注，学习效率大大提升，成绩非但没有下降，反而呈现出持续上升的态势。

阅读打开的是学生的心灵，体育打开的是学生的身体，两者都打开之后，学生的生命便被打开了。

赵丰平认为，当下呈现的这种精神气象还会延伸到未来。中小学时期引导学生养成锻炼的习惯，正是为他们一生拥有健康的身体做奠基工程。

二、多样化的活动课程

我们的古人就很有智慧，提出了"读万卷书，行万里路"的成人成才之道。可现在的一些学校，尤其是高中学校，将学生封闭在学校之内，唯教学与成绩是举。这不但违背了成人成才的规律，也封闭了学生的身心，扼杀了学生的灵性，局限了学生的格局，泯灭了学生的创造力。这种情况下，学生很有可能因为没有与社会、自然接触而使心灵之花日渐枯萎，成为无生活热情、无学习欲望、无责任承担意识和能力的"书呆子"。这当然不符合赵丰平的现代课程观。于是，为避免这种情况发生，对学生身心健康和生命成长有益的活动，就成了山东271教育集团必备而且形式多样的课程内容。

昌乐是西瓜之乡，昌乐二中的每个学生都要适时地走进乡村西瓜大棚，跟着瓜农学习西瓜嫁接，感受家乡特产之美。

山东271教育集团的研学旅行课程开展得如火如荼。学生不但走进了青州古城、莫言故居，观览了临朐的红叶、诸城的恐龙化石、高密的红高粱等，还登上了孟良崮、泰山，在曲阜拜谒了孔子，考察了黄河三角洲湿地，参观了青岛蓝谷的海洋科技，走进了青岛的"大洋一号"海洋科考船……

每一次走出校园参加活动，学生个个如放飞的鸟儿一样欣喜若狂。当然，研学旅行也会"耽误"一些上课的时间。可是，由于每次都是载歌载舞而去，满载收获而归，所以，因了心里的愉悦，回到学校之后，学生反而提高了学习效率，学习成绩也越来越好。

学校内的活动课程也是既有时间保障又有内容具体要求的。每个周三下午，小学、初中和高中学生都要参加活动课程。

学校要求每个学生每学期至少要参加一个社团。在学校社团活动中掌握某项技能的学生，还可以获得一个由学校颁发的证书。初中毕业时，每个学生都必须拥有至少六个参加社团活动的证书，否则不予毕业。

学校还把活动课程的管理权交给学生。学生自主管理起来不但很有章法，而且还充满灵动与创新，常常让教师惊叹不已。可以说，活动课程让孩子真正成为活动的主人、生命成长的主人、学校的主人。

三、高品质的主题课程

主题课程源自芬兰的"现象教学"，即事先确定一些主题，然后围绕这些主题，将相近的学科知识重新编排形成学科融合式的课程模块。在同一模块中囊括经济、历史、地理等各种跨学科知识，以主题贯穿学习，实现跨学科学习。

山东271教育集团不只是将芬兰的主题课程"拿来"洋为中用，而且让各学校结合本地本校实际，开发了至少两门主题课程，如"行走的力量""航天之路""文化寻根""水课程"等。

集团统一研发的主题课程有三门，分别是"民族复兴我的责任"爱国主义课程、"一带一路"课程和"食育"课程。

比如"民族复兴我的责任"主题课程，学校要求学生对"四史"进行研究：一是中华民族的文明史，二是中华民族的屈辱史，三是中华民族的奋斗史，四是中华民族的辉煌史。之所以设置这门课程，是因为集团秉持这样一个理念：学生必须是一个爱国者，不然，即使才高八斗，也不可能成为国家的有用人才，更不可能成为一个充分发展的生命。

再如"一带一路"主题课程。为了开好这门课程，学生大量搜集了地理、文化、经济、历史、艺术和科学上的"一带一路"方面的素材。有的还做成了研究性课题，比如玄奘西天取经在"一带一路"中扮演了什么角色？敦煌莫高窟和彩画、壁画以及弗洛伦斯的雕像、大卫的雕像有什么关系？我们国家的茶叶是怎么到英国的？郑和下西洋为什么带了那么多瓷器？现在，我们中国的火车为什么能直接开到德国？

两年一度的于北京举办的"一带一路"国际合作高峰论坛，山东271教育集团的所有学校都要组织学生通过电视收看，随后还要进行讨论与研究。

学校还自己有模有样地组织起"一带一路"学生高峰论坛。学生畅谈"一带一路"的巨大意义,当下的学生如何才能为"一带一路"贡献自己的才智等。

学生侃侃而谈的时候,在台下听讲的教师常常惊讶不已,于是,情不自禁地发出"后生可畏,焉知来者之不如今也"的感叹。

赵丰平说,每一个学生的未来发展都充满了不确定性,每一个学生的发展过程中都有原本特有的天赋需要释放,学校教育绝不是让他们考出高分,临时上个好大学,让学校和家长脸上都有光,这样做的话,孩子就会沦为教育的工具。教育应是激发出他们的潜能,引领着他们寻找自己的天赋,尤其是让其人性的光辉闪耀出来。因此,学校教育绝不能急功近利,而应当着眼未来,为学生的成长提供必需的土壤、阳光、空气和水分,让其在一个适合生命成长的生态中各取所需,各展其才,为未来成为国家的有用人才做准备。

课堂改革两大亮点

山东271教育集团的课堂已经完全从传统课堂模式中走了出来,形成了自己特有的课堂教学模式。它是以"自主、合作、探究"为学习方式,全面放手、全员参与、富有个性的创新性课堂,是学生生命成长的主阵地,是学生民主、平等观念形成的公共空间,是发展学生生命和提升教师专业素养的主渠道。简而言之,其主要有两个突出的特点。

一、分组合作探究

课堂教学改革之前，赵丰平发现，学生一排排地端坐在教室里听课的时候，表面看上去聚精会神，其实是迫不得已，形聚而神散。40%～60%的学生是知识从这个耳朵听进去，又从另一个耳朵里跑出去。

2004年国家第八次课改的时候，赵丰平系统地研读了新的课改理念，感到分组合作探究是一种很好的课堂教学模式。同时，他又到日本、芬兰和美国进行教育考察，深入他们的课堂之中，发现他们的学生都是分组合作学习，没有教师灌输知识的现象，学生在课堂上不但学习效率非常高，而且自始至终都保持着一种昂扬向上的精神状态。

回来后，赵丰平下定决心改革课堂，不然，由此造成的不只是学生学习效率低，还有学生心理上的郁闷、意志的消沉和主体意识的淡薄，以及由此产生的一系列问题。

2007年春季开学，赵丰平倡导的分组合作探究课堂教学模式拉开了序幕，赵丰平和他的改革团队规定教师不能独霸课堂，而是将学生每八人分成一个小组，放手让学生自主学习。小组里如果有一个学生把这节课的知识掌握了，他就要教会全组其他同学。学生成了学习的主人，甚至成了教学的主人，不但优秀的"小老师"讲起课来绘声绘色，而且学生听起来也全神贯注、入耳入心。

如此改革一年之后，赵丰平和他的改革团队发现，八人一组的合作探究模式虽然大见成效，但仍有不足之处，那就是一个小组中会有一两个学生被边缘化，更多的时候，他们只是像旁听生一样呆坐着，听得似懂非懂，甚至根本就听不懂，无法融进整个小组团队之中。

发现了问题，就要解决问题。2009年，赵丰平和他的团队将八人一组改为六人一组。果然课堂效果比之前更好了，小组内学生参与学习的积极性提高了，学习效率也随之提高，同学之间的关系也比以前密切了。

六人一组合作探究模式实施两年后他们又发现，有的小组常常有一个学生难以跻身小组热烈的讨论之中，依然有一种被边缘化的感觉。于是，2011年，他们又将六人一组改成四人一组，结果发现，全组所有学生无一被边缘化，每个学生都对学习充满热情，学习效率又有了进一步的提升。

实践是检验真理的唯一标准。从那时到现在，山东271教育集团的所有学校，实施的都是四人一组的分组合作探究学习模式，而且都取得了非常理想的效果，于是，四人一组的分组合作探究模式便固定了下来。

课堂教学效率的高下与课堂管理的优劣有着直接关系。改革之前，全班只有教师一个人管理课堂和关注效率；而学生每四人分成一个小组后，一个班级被分成12个小组，12个小组长都在时刻管理课堂和关注效率。如果将一个班比喻成一个动车组的话，那么教师就是火车头，是这个动车的主动力；每个小组长就是每节车厢，提供分动力。主动力在前面牵引，分动力在后面推动，从而形成了一个风驰电掣的动车组。结果，学生不需要接受强化性训练，没有作业，也不参加课外辅导，学得轻松，成绩却依然保持着居高不下的态势。

开始的时候，小组长缺乏管理经验，学校便专门编写辅导材料对他们进行培训，帮助他们管理好小组里的其他三个同学，让其他三个同学像小组长自己一样学得既快又好。

由于采取的是异组同质、同组异质的分组方式，每一个小组与其他小组便处于同一条起跑线上。所以，分组之后，在各小组之间无形中形成了一种竞争的态势。为了能够在竞争中取得胜利，每个小组长乃至组员都会千方百计地提高学习效率。为此，每个小组中的四个学生都分别承担着两三个不同的任务，比如有负责收发作业的，有负责达标验收的，有负责管理目标的，有负责上课展示的，有负责统计分数的，还有负责常规落实的等，真正做到了人人有事做，事事有人管。小组学习团队的荣誉与人人有关，小组学习团队的竞争力人人应有贡献，这样每个人都感到责任在身，都力争做到尽善尽美。

不过，四人一组也有其劣势，那就是一个班级小组太多，给小组长的培训、学习小组的管理带来不便。为此，学校又将两个小组合为一个行政管理小组，而四人一组则是课堂学习时的状态。于是，不管哪个方面的管理，不但教师各尽其责，而且学生也不甘落后，师生间形成了一个和谐而高效的学习团队。

为了保证四人小组学习效率与质量的持续提升，山东271教育集团对每个小组都提出了步步升高的要求。如果四人小组四个学生的学习成绩由高到低分成A、B、C、D等层次的话，开始分组的时候，一个小组的学生的学习成绩层次大多是A1、B1、B2、C1，那么下一步进军的层次是A1、B、B1、C，再往后则是A1、A2、B、B2。也就是说，每个小组学生的学习成绩都会不断地提高。教师将目标化整为零，放到每一个小组、每一名学生的头上，引领小组和个人全程为之奋斗。于是，全班学生的学习成绩也就提升上来了。

二、数字化学习

近些年来，信息技术教育的发展突飞猛进，很多课堂学习也发生了翻天覆地的变化。山东271教育集团当然不甘落后，率先走进了汹涌澎湃的改革浪潮之中。

成功不是一蹴而就的。开始的时候，山东271教育集团曾先后与几家大的数字化公司合作，但一段时间后发现，他们确实构建了一整套系列化的网络学习系统，可遗憾的是，平台提供的多是应试训练考试题目检测评价系统。这些系统虽然非常便于教师批阅试题，也颇受他们欢迎，但还是针对应试教育，对学生的学习过程进行了绑架，没有很好地引领学生自主地去探索，学生学习效率也没有得到任何提高。

"道不同，不相为谋"，山东271教育集团只好与他们道声"再见"，另去寻觅新的合作伙伴。

2018年，赵丰平与新加坡的创而新（中国）科技有限公司董事长李慧勤交流之后，感到他们的理念与思路与山东271教育集团不谋而合，于是，与他们合作成立了一个公司，专门研发山东271教育集团的学习平台，并给这一平台取名为"271BAY"。赵丰平还对其概念做了如下的表述："'271BAY'是在271教育哲学思想和互联网思想引领下线上线下深度融合的、开放的、自由的、自主的、高效的、学生喜欢的、生态的学习社区。有创造大家共享，有问题大家一同解决。"

"271BAY"有三个目标：

第一，"271BAY"为学生的"大单元整体学习"提供应有尽有的学科资源、生活资源、社会资源、学习资源。

第二，互联互通。平台上的资源共享。学生创造出来的东西，通过手机端、pad 端、大屏、小屏、老师端、学生端随时可放到平台上展示，供大家学习交流。

第三，对所有学生学习的过程进行无痕数据采集。山东 271 教育集团的八九万学生全都采用已基本固化下来的"大单元整体学习"模式，学习内容也相对固定，所以采集下来的数据为学生创造了各个年级每个学科不同单元学习的优质思维常模。如果哪个学生有所创新与发现，发展了这个常模，平台则随时更新、向前延伸常模，让其他学生共享这一成果。如果有的学生背离了这个常模，平台则随即将其学习之路止住，再给其推送研发团队已经创造出的学习任务，把他的思维模式拽回到已有的常模上来。

"271BAY"共有五个版本，逐级递升。第一个版本是雄鸡，第二个版本是大鹅，第三个版本是神雕，第四个版本是鲲鹏，第五个版本是神龙。现在，研发团队已经创造出了第四个版本鲲鹏，并且上线供所有教师、学生使用，反响效果非常好，目前正向第五个版本"神龙"进军。

这种"形似"电子游戏的建模，极大提高了学生学习的热情。只要进入"271BAY"中，学生精神状态立马调整到巅峰状态，极其专注地投入到学习与研究当中，试图取得某些突破，品尝晋级的喜悦。

在这个虚拟的网络平台上，即使疫情期间，学生也依然沉浸在学习与探究之中。他们虽然各自在家，但依然能在线上相连，网上相见，依然维持原来的班级建制，依然是你来我往，积极探索。为此，这种"线上班级学习制"让学生的学习热情不减反升，学习效率与成绩也一直处于持续提高的趋势当中。

自主管理登堂入室

赵丰平之所以要启动学生自我管理系统，在很大程度上与其人生的阅历与感悟有关。在他看来，一个人是否能够取得卓越的成就，关键在于是否有一个充分的自我认识，是否有一个超越常人的对自己想要达到的生命高度的期许，并终生矢志不移地朝着自己所期许的生命高度攀登。从这个意义上讲，决定一个人生命高度的关键除了性格之外，还有自我管理能力。

同时，他从企业管理制定标准中受到启发，认为学校管理同样应当具有标准。为此，他研读年仅45岁就成为通用电气公司历史上最年轻的董事长和CEO的杰克·韦尔奇，以及被称为"现代管理学之父"的彼得·德鲁克等的管理理论，并从中得到了某些启示。可对他影响最大的还是毛泽东和稻盛和夫，战略与战术高度统一的管理思想，在他们两个人的理论与实践中结合得极其完美，活用于学校管理之中，产生了很好的效果。

众所周知，很多学校已经将项目管理运用到学校管理之中。赵丰平也在研究项目管理，可他又有超越一般校长之处。他认为目标管理是项目管理的核心，所以他并不像有的人那样将一般意义上的项目管理"拿来"，或者稍做改造后再运用，而是创造了很多概念，比如结构化思维概念、真实目标概念、管道概念、管道思维概念、机制运行概念、达标验收概念等。他认为，真实目标是"内心深处极其渴望，通过自己的努力，跳一跳能够拿到的美好的、具体的那个东西"。而很多人却没有这种真实目标，因为他们没有将任务和目标区分开。管道是什么呢？管道是"以任务始目标止，以项目管理为骨架，十条绷带密闭缠绕，密不透风的项目运行的管状的通道"；管道的第二个概念就是"针对目标实施项目管理的抽象化程序的具象化表达"。抽象化程序的具象化表达也是一个管道，为此他创造了管道思维。所谓管道思维，就是在具体可描述的真实目标强力引领下，项目责任人为落实标准、完成任务、实现目标，每天达标验收、以终为始的时刻不变的程序化思维。山东271教育集团的所有学校事事成为项目，人人都在做项目，每一个项目都从目标到达标验收评价，形成一个完整的闭环。可以说，所有教师平日的教学和学生日常的学习都是在做项目，每一个项目都有有章可循的操作系统。

为此，在赵丰平的领导下，山东271教育集团制定了一系列的方略，培养学生的自我管理能力，从而让他们管好自己的思想、行为，锁定自己的目标，让他们的生命在自我意识的引领下一步一步持续不断地向上攀升。

赵丰平还创造了学生自主管理"3922"目标体系，即学生成长3条管道、9个大目标、22个小目标，用科学机制运行确保项目目标、任务、标准、达标验收的一体化实施。所有人都在对准自己的目标积极参与到机制运行当中，机制的科学运行确保了每一个项目要求的完美落实。

笔者以三个管道为写作单元，对"3922"学生成长目标体系做简要述说。

一、班级文化建设

学生自主管理中所说的班级文化建设，赵丰平又为其添加了一个定语"火焰般的"。他认为，教师和学生之间的关系应当如同父母与孩子之间的关系，学校就是学生的第二个家。做教师首先要有一种"幼吾幼以及人之幼"的父母般的情怀，打开每一个学生的心门，为他们创设一个安全舒适的生活学习环境，这样，他们的才智大门才能打开。

在山东271教育集团，学生不称呼教师为老师，而是冠以学科导师称号，班主任叫首席导师，其他教师则被称为导师，比如语文导师、数学导师等。

在召开高一、高二、高三近两千名学生大会的时候，赵丰平开头如是说："赵爹今天给你聊聊天。"这句话一下子就拉近了他与学生之间的情感距离。他没有事先准备演讲稿，而是动之以情地讲述学生喜欢听并关注的问题，即兴回答学生的提问。所以，学生特别喜欢听"赵爸"讲话、跟"赵爸"聊天，有了解不开的心结，也会向"赵爸"寻求帮助，并且"赵爸"让学生记住他的电话号码，以便随时联系。

赵丰平认为，学生彼此之间就是兄弟姐妹的关系。他对学生讲："你的兄弟姐妹是父母送给你的一生的朋友，而你自己交往的朋友是你送给自己的一生的兄弟姐妹。"

既然是这样一种关系，值日班长当然也就不会"论资排辈"，而是全班同学轮流来做，人人有份，绝对公平，即使学习成绩倒数第一者也不例外。

某一天是哪一个学生的生日,全班同学都要给他搞一个生日聚会,教师和其他学生还会将这个学生一年来值得回忆的学习与生活场景提前精心制作成PPT,在庆贺生日这一天通过屏幕放映。同时,其他学生要向这个学生致以生日祝福,而这个学生还要发表生日感言。

有一次,小红过生日的时候,值日班长用首席导师的手机给她的妈妈打去一个电话:"喂,妈妈,您好!"

小红的妈妈愣住了,心想:我孩子是个女生,怎么电话中这个男生叫我妈妈?

值日班长说:"今天是您家小红过生日,我们全班52个同学正给她过生日呢!"然后他又说小红在班里特别优秀,大家都非常喜欢她。最后的告别语是:"妈妈,您应当为有小红这么优秀的女儿感到骄傲。妈妈,我们都爱您!"通话结束了,小红的妈妈流下了感动的泪水,一股特殊的幸福感在她的心里久久地回荡起来。

也许有人会说,这与学生自主管理有什么关系吗?赵丰平的回答是不仅有,而且关系非常密切。这种火焰般的班级文化,实际是为自主管理创设一个良好的人文环境。不管什么人担任值日班长,不管谁来进行哪个方面的管理,其他学生都感到是自己的兄弟姐妹在执行管理任务,必须心甘情愿地予以支持。这样,学生自主管理起来就有了走向成功的可能。

二、学生自主管理

值日班长全面负责班级当天工作,要在早晨上课前面向全班学生讲述自己的工作目标,提出相应的要求,请兄弟姐妹们给予支持;每天晚自习下课前还会有一个总结，比如："兄弟姐妹们，今天我当了一天的班长，尽到了应尽的责任，预定的目标也实现了。为此，感谢兄弟姐妹们的支持和帮助。明天不管谁做值日班长，我会像您支持我一样，全力支持您的工作！"

自主管理绝非各行其是，必须有相应的具体细化的目标和完善的运行机制，班规的制定和运行便是一个重要的机制。各班的班规并非由学校和教师统一制定，而是由本班同学自己制定，烙印着各班的特色与个性。制定班规时，先由班委会写出初稿，再由全班学生讨论，讨论以后进行修改，修改以后举手表决。一旦通过，班里的每个学生都要在上面签字。对于这样的班规，学生不但不会感到是对自己的限制，反而因自己参与其中，符合全班同学的利益，而自觉遵守。长此以往，自觉遵守班规便成为一种习惯。

同时，每个班级的自主管理都有"三驾马车"，也就是三个特有的班级组织。第一个是四人学习小组，笔者已经在"课堂改革两大亮点"中进行了介绍。第二个是科研小组，也叫高效学习科研小组，它以学科为单位组成小组，由学科班长带领五六个学生对这个班级的某个学科进行学习方法研究。第三个是行政小组，负责班级内"3922"所有目标的达标验收。这三个班级组织分工负责、功能叠加，让每一个学生养成自觉管理目标、主动实现目标的学习习惯，营造一种积极向上的班级氛围。

每个行政小组全程负责每个学生2～3个小目标的达标验收。小组长的职责非常明确：第一，每月都要全体同学讲明自己的目标是什么，为什么和怎么做；第二，为更好地实现目标，小组长们要为全班同学做出榜样；第三，在日常工作中，每个小组全程帮助全班所有同学管理好自己的目标，实现好自己的目标，针对该小组负责的两三个目标，天天达标验收，不给每个学生记成绩，只记合格或不合格，并且不记给个人，而是记给学习小组，参与学习小组之间的竞争量化。为此，学习小组长不但要以身作则，还要对小组另外三名同学进行全面全程监管。

学习小组的管理也很有章法。如果小组中有一个学生达标，并做出突出成绩，就给这个学生加一颗星；如果小组中有一个学生没能达标得不到星，其他组员就要帮助这个没得星的同学达标，等全组同学都达标得星了，小组就可以晋升一个等级。每个周六都要做总结并公布成绩，对所有学习小组进行评级。为此，每个小组都希望能够持续晋级，不落到其他小组的后面。在这种快乐而又有效的游戏化学习中，每个学生的生命能量都能得到充分激发。

赵丰平说，三个班级组织各司其职，自主"经营"；当然，如果遇到难以解决的问题，也可以向导师寻求帮助。

三、协同育人

学校相信学生，放手让他们自主管理，在这种自由而安全的体验中学生快速成长。在这种情况下，教师的教育就要跟上改革的步伐，否则就不能满足学生成长的需求。为此，赵丰平又实施了协同育人的方略，通过教师之间的协同育人、教师和家长之间的协同育人，为学生创设更加优质的学校成长环境和家庭学习环境。

一般的学科教师，更多关注的是其所教学科的教学工作，至于学生的目标追求、生活问题、心理问题、团队建设和自主管理等，在他们看来，似乎与他们的学科教学风马牛不相及。可赵丰平认为，山东271教育集团教师的职业追求、教学内容、教学方式已经发生了根本性的变化，他们的工作已由教学变成了教育。教师不仅承担着学科教学工作，更肩负着育人的重任。即使是学科教学工作，教师也应当通过学科大概念的构建，让学科教学升华到学科教育的层次，从而让学生获取更多有用知识的同时，学会生活、学会思考，尤其是学会做人。从这一层面上讲，各个学科的教师就不能各扫门前雪，而是要形成合力，协同育人。

第一，各学科教师之间、师生之间，要建立一种和谐的关系。赵丰平认为，这种关系是促进学生生命成长的第一动力。

各学科教师要想协同育人，就要有统一的目标、同步的行动，从而让只讲解知识的教学，变成通过"大单元整体学习"构建学科体系，形成学科思想，让学科教学走向学科育人。而只有所有学科教师协同一致，

◎ 山东271教育集团以学生为中心、以思维方式培养为主攻方向的课堂

才能达到更高的育人目标。

第二，各学科教师都要关注学生的目标管理，帮助每一个学生制定好自己的真实目标，引领他们全过程管理好自己的真实目标，指导他们实现自己的真实目标。有了目标就有了奋斗的方向，有了目标就可以产生动力，然后才能实现目标。此后，又会充满激情地去追求下一个目标。为此，所有的教师就要关注与研究学生生命成长目标。于是，就有了时间利用目标，锻炼身体目标，人际关系目标，学科学习目标，阅读图书目标，音乐、体育、美术技能训练目标，自我管理目标等。由此营造了人人有目标、人人奋力追求目标的学习氛围，还在无形中构建了一种有利于学生生命成长的能量场，这种生命成长的能量场的核心就是目标文化。

第三，每个班级的行政管理小组虽然各有学生当小组长自主管理，可导师并非袖手旁观者。每一个导师不能徒有虚名，而是要每人指导一个小组，引导其更好地落实目标，营造氛围，帮助每一个学生及时达标。

久而久之，教师便自然而然地从学科教学走向了学科育人，而且是全面育人，让生活即教育、管理即育人成为现实。学生也从等待教师灌输知识的容器，变为积极成长、释放生命活力的人。

第四，教师和家长协同育人。在学生自主管理中，教师和家长的关系也在无形中发挥着重要的作用。在这方面，教师处于主动方。为此，学校成立了学校、年级和班级三级家长委员会。每个班级由五六个家长组成班级家长委员会。班级导师团直接与家长对话，引导家长协同学校，在关注孩子学习成绩的同时，更加关注他们的生命成长，改变家长片面追求学习成绩的错误认知，帮助家长营造良好的家庭学习氛围，让家长学会与学生一起落实"文明家庭建设课程"。家长委员会又作用于学校，他们在支持教师工作的同时，参与学校一些制度的创新和课程、课堂、管理的研究，同时还把社会上的课程资源引入学校。除此之外，他们还能对教师起到监督作用，有时还会纠正教师的某些偏差甚至错误。

为此，学校专门构建了"家长学校课程"和"文明家庭建设课程"，让家长真正成为学校育人的同盟军，成为与教师共同育人的最佳合作者。

赵丰平说，山东271教育集团管理的根本目的是育人，最终目的是打造一支人性光辉闪耀、专业素养精湛、工作快乐高效、生活幸福的教师育人团队和培养一支自觉自发、向善求真、好学善思、承担责任、开心高效的学生学习团队，而学生的自主和教师的放手则是山东271教育集团管理体系中的重要手段。

关注教师生命成长

教师的成长当然需要其在专业上的发展，可赵丰平更加关注的是教师的生命成长，其中虽然也有专业上的成长，可从本质上来说，是要教师将教育教学变成一种生命自觉，并在不断发展的过程中时时听到自己生命拔节的声响。同时，教师还要以优质的生命状态，在有形和无形中影响与感染学生，从而让学生的生命呈现出蓬勃向上的姿态。

要想让教师的生命得到成长，既要让教师在课堂上感受到师生和谐而又积极向上的精神气象，又要让他们成为终身的学习者，从而在持续攀登一个又一个高峰中，体验到生命的价值与意义，乃至为人师表的尊严。

一、培训

培训是最好的教育，培训是最有效的管理。

山东271教育集团的培训，既有一般培训中的解读课标以及备课研究等内容，又有一般学校没有的培训内容，比如在年轻教师上岗之前长达42天的培训中，首先向他们植入的是新的教育理念、科学的价值观和生命的追求。

赵丰平深信孟子所说的"人皆可以为尧舜"，相信山东271教育集团的每一位教师都可以成为人才，成为教育家，而不是一般意义上的教书匠。要实现这个目标，首先要让他们相信自己能行，自己可以在山东271教育集团这个舞台上实现认知的蜕变、生命的飞跃。

培训时赵丰平的三天演讲，往往让教师尤其是新入职的教师有一种耳目一新的感觉，甚至感到震撼。这个当了这么多年高中校长，现在又是山东271教育集团总校长的教育名家，竟然跟他们大谈人生哲学、理想信念、生活智慧和幸福追求。赵丰平之所以这样做是为了先入为主，在这些青年教师的大脑里种上"庄稼"。

此后，即使外聘专家来校讲学，赵丰平也十分挑剔。尽管有时也会请某些专家名师来讲教育专业的知识，可他也要提前对这些人进行研究，他希望他们讲的内容不只是有很强的专业性，同时要回荡着精神的力量和实践的价值，从而给教师注入积极向上的生命能量。他认为，一个没有积极向上的生命状态的教师，不可能成为一位优秀的教师，也不可能从教学走向教育。

虽然这种高质量、长时间的培训，每年都花费不少，但赵丰平却不惜一掷千金，而且年年如此。他认为培训带来的收益远远大于支出，学校付出了金钱，却为教师积蓄了精神财富，让他们的生命有了不一样的气象。因此，人们常说，山东271教育集团的教师不但教学水平高，而且有一种昂扬向上的精神面貌，有一种持续成长的生命态势。

二、阅读

赵丰平的生命成长史，无异于一部丰饶的阅读史。他不但书读得多，而且所读书籍的品质也特别高。要想"站在巨人的肩膀"上看世界，就必须一以贯之地阅读大师的作品，让他们的精神滋养自己的生命，进而实现生命一次又一次的飞跃。

赵丰平希望山东271教育集团的所有教师不仅是一位优秀的教学工作者，而且还要成为一位不断与大师对话的学者。所以，他给教师提供的阅读书目上，除了高品位的教育教学专业书之外，还有哲学、管理学、经济学、文学等方面的图书，每位教师每年600元的书费是必须要花上的。他对苏轼的经典诗句"横看成岭侧成峰，远近高低各不同"深有体会，正是因为他本人在阅读大量的教育教学著作的同时，又阅读了大量的其他门类的经典之作，所以才能以一个更高的视角鸟瞰纷纭万象的教育，进而拥有结构化的创新思维格局。

即使在开展教学研究工作时，他也不是只让教师阅读教育教学方面的专著，而是为其制定一个更加高远的目标。在实施"大单元整体学习"时，他要求不同学科的教师阅读一般学校教师极少问津的学科史，而且规定了必须阅读的时长。由于这类书中蕴含着深刻的哲学思想，所以一般教师读起来简直是不知所云。可赵丰平步步紧逼，寸步不离。目前，全体教师已经阅读了与其所教科目相关的学科史六遍之多，每人撰写学科史研究的论文也有六篇之多。有的教师已经能站在学科本质的角度对学科教学进行结构化思考，对学科本质和学科大概念有了创新性理解，并在此基础上生成了自己的课程大概念观。这对全面实施"大单元整体学习"是极其重要的。大多数教师在教学中有了超越一般学校教师的思维，开始自觉地践行"大单元整体学习"的思想，给学生创造"大单元整体学习"的课程。

现在，山东271教育集团的不少教师不但让阅读成为习惯，还抵达了孔子所说的"知之者不如好之者，好之者不如乐之者"的境界。正是因为有了持续不断的"悦"读，他们的生命才有可能绽放出灿烂的光芒。

三、制度

有人说，好的制度可以把坏人变好，坏的制度可以把好人变坏。这是有一定道理的。学校制度不能作为一种摆设贴在墙上或装订成册，而应让教师在心理上高度认可。在山东271教育集团，学校制度是广大教师全程参与创造的项目管理的教师发展"3921"目标体系的运行机制，是大家约定俗成地积极主动承担责任的工作文化。它已经深入每位教师的内心，并外化成一种自觉行动。而教师的良好行为又不断地为学校制度增添新的内容。

比如学校的教师晋级制度，教师级别分为合格教师、骨干教师、星级教师、主任教师、首席教师、专家教师。为此，学校构建了科学的评价体系，每位教师身处哪一级别，自己心知肚明，其他教师也一目了然。所以，教师要想晋级，就必须格外努力，并取得相应的成绩。教师每一次晋级，不仅可以领取数目可观的津贴，还能在精神上得到满足。

每位教师都有近期和远期目标，都有"十五三一"具体的发展目标，即十年目标、五年目标、三年目标、一年目标，这些目标环环相扣，逐年递进。有的新入职的教师立下一年做到称职、三年成为"合格教师"的近期目标，远期目标则是成为"专家教师"。可见，每位教师心中都有一个清晰明确、近期可以抵达的目标，还有一个需要长时间努力才有可能达到的宏大目标。因此，山东271教育集团的教师，不发牢骚，也不敢倦怠，总是奋发向上，积极而为。有人这样描述集团的教师："心中有首歌，脚下有弹簧。"

如此积极而又幸福的生命景象，也如"随风潜入夜，润物细无声"般走进了学生的心田，从而让他们葆有"发愤忘食"的学习精神。学生的这种积极的生命走向，又反过来影响教师，让他们为有如此优秀的学生而自豪，并产生"不待扬鞭自奋蹄"的工作激情。这样一来，学校教育就真正做到了"一棵树摇动另一棵树，一朵云推动另一朵云，一个灵魂唤醒另一个灵魂"。于是，师生关系融洽了，相互信任了，教学与学习的效率也就自然得到提高。

赵丰平很欣慰地说，他们构建的师生共同发展的精神文化已经花开满园，而由此散发出来的精神光芒又成为山东271教育集团发展的不竭动力。

构建教学改革的生态场
——山东省聊城市杜郎口中学在传承创新中前行

从 1998 年始,原本名不见经传的杜郎口中学异军突起,在教学改革中掀起一个很大的波澜,如潮水般涌来的考察与学习者,让这个位于鲁西部偏僻地区的学校顿时热闹起来。

尽管人们对杜郎口中学教学改革的评价不同,但不可否认的是,它对整个中国教学改革有着开启先河的重要意义。

2018 年 3 月,杜郎口中学教学改革的领军人物崔其升校长离任,原副校长张代英走马上任,担任这所风云变幻的学校的校长。

在实施教学改革的这些年里,杜郎口中学既有艰难的挣扎,也有奋发向上的呐喊。杜郎口中学崛起之初,笔者就先后对其改革经验在《现代教育导报》和《中国教育报》上做过大篇幅报道;20 多年后,笔者再一次走进杜郎口中学采访,将此时的所见、所闻、所感书写下来,希望能给予行进在教学改革路上的学校一定的启示。

三次头脑风暴让学生展示更"精彩"

时任校长崔其升创造了杜郎口中学的辉煌,而追随在崔其升身后矢志不移地进行改革的张代英,在就任校长之后无疑会继承崔其升的改革精神。她很动情地对笔者说,她是崔其升一手培养起来的,如果没有他,就没有今天的自己。多年来,张代英和崔其升风雨同舟,彼此之间不但锻造了极其深厚的"革命"友情,还有了超越友情的"亲情"。

是的,20年来,但凡崔其升布置的任务,她都不折不扣地执行,千方百计地做好。在这个过程中,她始终"战斗"在教学改革的第一线,也因此锤炼出百折不挠、永不放弃的精神。

这次采访张代英的时候,她很动情地说,崔其升为杜郎口中学注入的精神,已经深入她和教师们的骨髓。因此,杜郎口中学不管遇到多么

◎ 社团活动中,张代英与八年级学生一起做游戏

大的困难，都不会止步不前，而是乘风破浪地驶向远方。

不过，作为一名女性，张代英在性格上与崔其升迥然不同。而且，进行教学改革20多年之后，新的形势也给张代英提出了新的挑战。固守原有的教学改革模式，杜郎口中学照样可以继续发展，但万事万物都不应该是一成不变的，而是要不断发展，有所创新。

正是基于这种思考，张代英在任职校长两年间，组织教师进行了三次头脑风暴。

第一次头脑风暴：精彩+实效课堂

杜郎口中学课堂之精彩早就远近闻名，学生在展示的时候不但声情并茂，还有与之相匹配的肢体动作。这样精彩的课堂，让全国很多前来参观考察的同行们赞叹不已。

这次头脑风暴之后，对于何为精彩，大家又有了新的认识，认为学生积极踊跃地走向前台，展示的时候声情并茂、抑扬顿挫、有肢体动作、有眼神的互动、有多种表达形式，当然是精彩。不过，有的时候，热热闹闹未必就有实效。热闹不是目的，而是手段，实效才是目的。所以，教师开始研究如何让学生在保持原来展示时的积极样态的同时，取得更加理想的效果。

研究之后，大家达成了共识，于是，新的课堂有了新的气象——一些场面非常热闹但实效不大的环节少了，展示起来生机勃勃而又大见实效的场景多了。也许正是这个原因，杜郎口中学学生的考试成绩以及综合素养水涨船高。有些原来想方设法转到其他学校上学的学生，开始回流到杜郎口中学；原本打算小学毕业后到当地名校上学的学生，高高兴兴地走进了杜郎口中学。这给了教师巨大的精神支撑。于是大家感到，教学改革不但可以让课堂"火"起来，而且可以让学生的综合素质"高"起来。看来，素质教育不但不会影响学生的中考成绩，反而更加有助于成绩的提高。

第二次头脑风暴：让学生静下来，独立思考

张代英校长认为，以前学生在课堂上精彩的演绎，多是将陈述性的知识通过声情并茂的近乎演讲的形式向同学们或前来参观者展示出来。也就是说，学生展示的内容，多数不属于自己通过独立学习内化于心后生成的创见，所以深度不够。这种课堂会导致学生升入高中之后鲜有出类拔萃者。

于是，张代英校长带领教师进行了第二次头脑风暴。这次，他们决定让学生真正静下心来独立思考，通过深入的思考，形成自己的创见，而不是简单地从相关文本上寻找固定的答案。从表面上看，这并不十分精彩；可从实质上看，却因心灵内在的搏击而生成了一种看不见的精彩。而学生自己有了独特的精彩之后，再和别人的精彩碰撞，又会在现场生成一些新的思想。

这次头脑风暴过后，大家对"精彩"有了新的诠释与理解。这对学生进行高质量的学习，乃至终身的发展，都起到了不容小觑的作用。

第三次头脑风暴：让学习资源多起来，以互联网助力课堂

2020年11月初，山东省教育厅、山东省教育科学研究院的领导和专家到杜郎口中学视察时，给予该学校高度评价，同时指出学生学习资源相对匮乏，希望杜郎口中学有所改变。张代英校长带着这一问题多次

向当地相关部门汇报，与信息技术专家沟通，到高校学习请教，试图寻求破解之法。功夫不负有心人，终于她自创了一种投资少、功能强的"互联网＋自主课堂"模式，即互动式电子班牌助力课堂。茌平区委、区政府投资160万元，为杜郎口中学每个教室配置了一体机和14块互动式电子班牌（教室内10块，教室外4块），实现了全网络资源共享。

精彩的互动式多屏课堂活动、清晰的思维导图、丰富的学科工具、有趣的课堂测验，以及有针对性的课堂评价，丰富了课堂内容，激发了学生的求知欲望，开阔了学生的视野，提高了课堂效率。14块班牌的分屏运用、多屏互动运用，有效地辅助了课堂分层教学。教师借助数据可以关注到班级的整体情况以及学生的个性化需求，便于及时调整教学策略。

在"互联网＋自主课堂"模式取得显著发展的基础上，学校举办了以电子班牌、互动白板、平板为载体，以"信息技术在课堂中的有效运用"为主题的校级赛课活动，并进行相关数据的整理与分析，助力教师利用教育资源，支持更加开放、人本、平等和可持续的课堂教学改革。

互动式电子班牌助力课堂，实现了学习资源的多元化与学习内容的层级化，为实现信息技术与课堂教学的完美融合及学生的深度学习提供了环境支撑。

杜郎口中学的课堂让"精彩"有了更深的内涵，也更能实现真正意义上的高效。

2.0 版"336"课堂教学模式应运而生

杜郎口中学的"336"课堂教学模式响彻大江南北，这无疑是在崔其升的带领下，张代英等一批有识之士进行教学改革的经验总结。张代英校长对此模式有着深厚的感情，当然不可能丢弃。这是对历史的尊重，也是对崔其升的尊重。

但在尊重的同时，也一定要有创新意识。当年，崔其升如果没有创新意识，就不可能锻造出后来的杜郎口中学。

尊重前人，更应当学习前人的创新精神。

张代英校长没有舍弃原来的"336"课堂教学模式，但"世易时移，变法宜矣"，力求创新的她，将其升级，构建了2.0版"336"课堂教学模式。

第一个"3"

2.0版"336"课堂教学模式的第一个"3"，不再是立体式、大容量和快节奏，而变成了学科性、风格性和实效性。

一是学科性。以前的"336"课堂教学模式，更多强调的是统一性，这在那个时候显然是必要的。可杜郎口中学进行教学改革20多年后，就不能不注重学科的特点，因为语文、数学、英语、物理、化学等学科各有特点，如果用统一的模式进行教学，就不可能突出各个学科的特点，使得课堂教学看似热闹，但有时会出现低效甚至偏离学科轨道的现象。

二是风格性。不同的教师，因其性格、特长、学识等不同，课堂上的表现千差万别。在对他们进行统一要求的同时，还要让其根据自身情况扬长避短，形成各自的风格。这样既有利于教师的发展，还可以让学生从不同的教师教学风格中，多视角、多层次地获取知识、能力乃至智慧。况且，有的教师在长期的教学改革中已经形成了自己的风格，有的还成为全国典型，产生了一定的影响。相信即使现在教学水平一般的教师，经过持续努力，也可以锻造出属于自己的教学风格，甚至在若干年后成为叱咤全国教坛的风云人物。

三是实效性。课堂教学不是为了追求热闹而热闹，如果只是热闹而没有产生实效，就失去了真正的意义。在某种程度上说，所有的形式都是为内容服务的；也就是说，不管用什么样的教学形式，都要考虑其实效性，这样才能形成真正高效率、高质量的课堂教学。

第二个"3"

原来的第二个"3"是三个模块，即预习模块、展示模块和反馈模块，升级版的第二个"3"则是培养孩子的三种能力。

第一个是表达能力。以前杜郎口中学的课堂教学注重表达能力，今天依然要保留下来。这里所谓的表达，既有书面表达，也有口头表达。在以前的展示板块，就特别注重口头表达，这是杜郎口中学的重要特色。口头表达能力是学生成长过程中必须要提高的，对学生的一生影响深远。所以，要好好地继承这一做法，让学生拥有更好的口头表达能力。

第二个是合作能力。《周易》有言："二人同心，其利断金。同心之言，其臭如兰。"这一古训在今天依然有着重大的意义。而合作能力恰恰是需要从学生时代培养的。实践证明，有着良好合作能力的学生，不但可以拥有良好的品质，而且多能适应不同的环境，并在未来的生命旅程中取得比较理想的成绩。

第三个是思维能力。培养学生的思维能力是此前杜郎口中学课堂最欠缺的内容。缺失了思维能力培养的课堂，不管其如何"精彩"，都很难让学生真正步入高效学习的殿堂。所以，要重点培养学生的思维能力。

"336"中的"6"

所谓"6"就是课堂六环节，也称"六学"。

一是独学，即学生要独立思考。只要自己通过思考能解决的问题，绝对不求助于人；即使面对比较困难的问题，也不退缩，而是努力钻研，予以解决。这是学以制胜的关键。

二是对学，即"对子"之间的学习。同桌之间彼此谈独学的收获与感悟，且以不同的方式展示出来。如有困惑，则向对方请教；对方如能解决，便及时给予帮助。如此而学，不但让求助于人的学生懂得了"知之为知之，不知为不知"的道理，还让成人之美的学生拥有了助人为乐的品质。

三是合学，即学习小组成员之间的合作学习。小组是学习组织，所以，不但要有组长，而且要形成小组学习文化，比如学生在小组内发言时声音不宜太大，每次发言要控制在一定的时长内，进行即时评价等。小组学习文化，不仅可以提升学生的学习质量与效率，还能在无形中培养学生的合作精神。

四是展学，即课堂展示，这是杜郎口中学形成的课堂文化之一。展示也应当形成一种课堂文化，如发言者声音要响亮，身体要面向全体同学，站立的姿势以及相应的肢体语言等都有明确的规定。久而久之，学

◎ 七年级历史课上,学生进行文本展示

生便会形成一种文化自觉。

五是导学,即教师对展示的引导与点拨。教师可以根据教材内容与学情,将导学放在上课伊始,也可以放到课中或课后。《学记》有言:"道而弗牵。"即教师引导学生,不是像牵着牛鼻子一样让学生机械地跟着走,而是让学生自己积极地走,从而抵达"开而弗达"的境界。

六是测学,即通过检测对学情进行反馈。这一环节能让教师明晓不同学生的当堂学习情况,并在此基础上让所有学生做到"堂堂清"。

张代英校长说,独学、对学、合学、展学、导学和测学六个环节,涵盖了此前杜郎口中学的预习模块、展示模块和反馈模块,同时又增添了新的内容。

身舞心动的展示与反思会

提起反思会，一般人都会认为其与跳舞是风马牛不相及的。可张代英校长却不这样认为。教师在进行教学反思之前，首先要精神昂扬、心情舒畅，不然，久而久之，效果就会大打折扣。所以，杜郎口中学每天上午7：40～8：10和下午1：50～2：20各半个小时的展示与反思会是从健身舞蹈开始的。

长期忙于教学工作的教师，会跳舞者寥寥无几，爱好者更是凤毛麟角。所以，一开始让大家跳舞的时候，多数教师或多或少地有些"犹抱琵琶半遮面"，有的还有抵触情绪。尤其是第一次跳舞时，有的教师动作极不协调，感到有失大雅，心生不悦。

可时间一长，大家忽然发现，一直以来与跳舞无缘的自己，竟然跳出了美；而心情不愉快的时候跳一跳舞就能将负面情绪一扫而空，以至心情变得疏朗起来。教师心情好了，再进行下面的环节，如文本背诵、经验分享、读书交流、才艺展示，就有了昂扬的斗志。

展示内容一般有三项，第一项是必须展示的内容，第二项、第三项则可以两者选其一。

第一项与文本内容和教学有关。教师理应深入地研究教材文本，从而有所感悟与发展。比如文科教师，依据教材文本，或赏析，或解读，或拓展等。理科教师则根据对教材的研究，或巧妙地解析原题，或列出几个解题思路进行变式训练等。展示也是分享，它让在场的所有教师自然而然地生成"见贤思齐"的内在动力，而且希望下次展示的时候，自己也能一展风采。

第二项是才艺展示，教师或唱或跳，或讲笑话逗人一笑，或朗诵一首诗或一篇佳作，令人赏心悦目。

第三项是经验分享或心得感悟，比如在课堂上调动学生积极性的策略、技巧，某些具有启示意义的心得感悟。让听者像发现新大陆一样，在惊喜中学到别人教学中的锦囊妙计。而那些触动心灵的感悟，往往摇曳着教育教学的智慧，彰显出教师的心灵之美。

为了调动教师参与展示与反思会的积极性，学校对参与的学科组即时打分。评价前先将教师按年级分组，然后将组内教师编号，展示时进行抽号，第一个展示结束后，再抽下一个号。由于是现场抽号，每位教师都会提前准备展示内容。评价时依据各组教师参与的积极性和分享内容的价值赋分。这样一来，各组之间就在无形中有了竞争；而同一小组成员也自然而然地有了合作意识。

这样每天两次的展示与反思会，让每一位教师都开始强化基本功，不但要吃透教材，还要有所发现、有所创新。张代英校长说，每一位教师都蕴藏着巨大的潜能，只要给他们搭建一个展示的平台，其潜能就有可能被激发，从而让其爆发出超越既往的生命能量。这不但让教师更加自信，而且也因深度研究教材，让教师的教学水平抵达"更上一层楼"的境界。学生也因此更加"亲其师，信其道"，以至自主研究起教材来，并有了各自不同的感悟。

笔者在现场观看教师的展示时，就被杨新明和刘瑶两位教师的展示震撼。前者宛如一个演讲家，视野开阔，侃侃而谈，让人不由得想起陆游所说的"工夫在诗外"的名言。后者则如一位豪情万丈的诗人，完全没有了女性的柔弱感，而是展现出"大江东去，浪淘尽，千古风流人物"的豪放派诗人的磅礴之势。

据张代英校长讲，教师为了展示得精彩，往往会精心准备。而这个过程，既是教师对教材或其他文本深入研究的过程，也是其自身不断成长的过程。当展示得到大家赞赏的时候，教师心里还会情不自禁地升腾起自豪感，从而更加自信地开展教学工作。

赏识具有巨大的力量

有人说，好孩子是夸出来的。张代英校长认为，好教师也是夸出来的。比如，校长发现某位教师主动打扫卫生，就及时进行表扬；结果，其他教师也多会效仿。这样一来，第一天有一位教师主动打扫卫生，第二天就可能有五六位，第三天就可能有十多位。

张代英校长认为，教师都希望将自己的工作做好，也都希望被领导发现并表扬。而赏识有着巨大的力量，能够让教师把工作做得更好。相反，如果校长发现某位教师在某件事上做错了，就当场严厉批评，效果往往不佳。

一天，张代英校长发现一位年轻教师大声呵斥全班学生。问其原因，她说学生的作业做得不好。可张代英校长对她说，这50个学生中有没有一个做得好的？如果有，你就表扬他，这样其他学生就会向他学习，就会做得比以前好。表扬得越多，表现好的学生也就越多。

张代英校长说，对于学习小组也是如此。当教师要求学生就某个问题进行小组合作学习，大部分小组做得并不理想的时候，教师千万不要大发雷霆，而是要对做得好的小组进行表扬。这样一来，这个小组会因此感到自豪，会做得更好；其他小组也会向这个小组学习，做得好起来。可见，赏识的力量要比批评的力量大得多。

正是基于这种思考，张代英校长要求教师经常在校园里注意好人好事，一经发现，便立即用手机抓拍下来，然后发到微信群里，让更多的教师和学生为其点赞。于是，主动做好事者与主动上报他人做好人好事者越来越多，便形成了杜郎口中学的一种文化。无须号召，也无须奖励，大家却做得乐此不疲。

那么，是不是就没有批评了呢？当然不是。对于明知故犯或情节严重者，不但要批评，而且要相当严厉地批评。不过，从整体上说，表扬要大大多于批评。正因如此，需要批评的人和事越来越少，被表扬的人和事越来越多。于是，就形成了一种赏识他人和被他人赏识的学校文化氛围。大家的心情愉快了，工作、学习起来也就愈发主动与努力。当更多的教师和学生"不待扬鞭自奋蹄"的时候，学校也就有了巨大的积极向上的能量，从而营造出一种美好的精神气场。

"本立而道生"
——东北师范大学大连保税区实验学校体制机制改革述评

2017年9月,《关于深化教育体制机制改革的意见》(以下简称《意见》)发布,这对有志于学校体制机制改革的教育者来说,是莫大的鼓舞和有力的支持。

在东北师范大学大连保税区实验学校的推动下,中国(辽宁)自由贸易试验区大连片区发挥"先行先试"的政策优势,落位社会治理创新的片区使命,认真学习与研究了《意见》所传达的精神,聚焦"办好人民满意的教育"的深层问题,于2019年8月在东北师范大学大连保税区实验学校拉开了教育体制机制系统改革创新的序幕。

短短两年时间,东北师范大学大连保税区实验学校进行全员聘任制改革、进行绩效工资制改革、建立教师量化考核机制、建立共治共建共享的家校新型机制、创新党组织领导下的校长负责制、引入第三方专业评估机制、建立学校联席会领导下的校长负责制等,在各个改革领域全面出击,取得了令人非常满意的成果。囿于篇幅,本文只从以下几个方面进行述评。

全员聘任制破解编制瓶颈

对于全员聘任制改革，叫好者多，实践者少，因为这是很多学校破解不了的难题。仅编制这一个问题，就让不少学校望洋兴叹，有苦难言。

东北师范大学大连保税区实验学校建校之初，区里仅为这所学校批准了少量的启动编制。三年过去了，这所学校学生越来越多，但教师编制总量却无法增加，受编制限制不能招聘教师。

可喜的是，大连金普新区全力支持东北师范大学大连保税区实验学校的体制机制改革，赶在2019年秋季学期开学前召开的第13次新区主任办公会通过了《东北师范大学大连保税区实验学校教育体制机制改革创新方案（试行）》，强调要"以增强教育发展活力为核心"严谨推进，确保成功，并以正式文件的形式下发执行。东北师范大学大连保税区实验学校据此在当年就招聘了30名合同聘任制教师，破解了教师严重紧缺的困局。

而东北师范大学大连保税区实验学校在选聘这30名合同聘任制教师和疏解待遇等相关问题的过程中，又形成了合同聘任制教师的编制由谁审核批准、按照什么样的标准来审核批准等切实触及体制机制的改革新需求。谢新峰校长向新区教育和文化旅游部门、管委会的领导进行了多次汇报，管委会多次召开由编制、人社、教育、财政等相关部门参与的协调会。根据协调结果，新区教育和文化旅游部门党组向新区管委会提交了《关于解决东北师范大学大连保税区实验学校若干问题，全面推

◎ 机制改革专家论证会

进教育体制机制改革的请示》，新区管委会书记和主要领导都在文件上签了字，表示同意，并要求"注意总结经验"。这标志着改革取得实实在在的突破，学校的编制等问题迎刃而解。该文件明确规定，东北师范大学大连保税区实验学校合同聘任制教师的编制由新区教育和文化旅游部门遵循"学校小班化、高品质办学"的需要执行相关标准核定审批，学校合同聘任制教师由学校在新区教育行政部门的监督下自主招聘。经新区教育和文化旅游部门与东北师范大学大连保税区实验学校的深入研究，形成了以国家教育部门提出的"班师比"与辽宁省提出的适当增加"教学改革编"和"女教师产假、教师脱岗培训编"的标准核定并审批东北师范大学大连保税区实验学校教师编制数量的办法。

目前，东北师范大学大连保税区实验学校编制总量相对充足，不仅消灭了大班额，而且还将小学和初中的班额分别控制在40～45人之内；不但开足开齐了国家课程，而且开设了30多门校本选修课程和社团课。

不仅如此，编制问题的解决还实现了"三个一"和"四个相同"，让全员聘任制改革既风平浪静又快速推进起来。

所谓"三个一",就是一个不变,一个转移,一个下放。

一个不变,就是公办学校体制机制不变,尽管实行合同聘任制,并取消了教师的事业编制,但学校为公有体制以及经费由财政支付并没变。

一个转移,就是教师编制从编办转由教育行政部门核定,实现了教育行政部门能自己主导学校的发展权。

一个下放,就是将选聘教师的自主权下放给学校,教育和文化旅游部门在审批完学校的编制数后,学校根据实际需要自主组织教师招聘工作,教育和文化旅游部门只派人监督。

东北师范大学大连保税区实验学校自主招聘教师,使以前不可能解决的问题不再成为问题。比如小学高年级和初中女生的体育课教学,应该由女教师担任,如果女体育教师还是健美操专业的,就有两全其美之妙。为此,东北师范大学大连保税区实验学校就按照这样的方向与标准到大学招聘,并如愿以偿地招聘到了理想的女体育教师。

四个相同,就是教师的工资待遇、职称评聘、评奖评优、晋级晋职等,与其他没有进行改革的同类公办学校教师相同,而奖励性绩效工资还有了适当提高。

那么,学校原有的事业编制教师怎么办?愿留愿走,由教师自主选择;是否继续聘用,则由学校来定,从而实现了真正意义上的双向选择。走者,学校可以联系相关部门为其在新区相应的公办中小学重新安置工作,这一做法还在某种程度上解决了新区教师紧缺的问题。

同时,东北师范大学大连保税区实验学校还面向全国招聘优秀教育人才。因为大连市有非常好的人才引进政策，所以从2021年开始，东北师范大学大连保税区实验学校利用既有的编制，正式发布公告面向全国引进教育高端人才，进而提升学校的教育品位。

有的学校因担心全员聘任制改革会产生矛盾而犹豫徘徊，可谢新峰校长说，全员聘任制改革不但不会制造矛盾，反而能消解矛盾，更会释放学校的用人活力，激发教师的工作热情，从而让学校日新月异地走向远方。

绩效工资制激发教师内在动力

教师的奖励性绩效工资的人均标准，是政府部门拨给学校经费的一个依据，可学校并不能由此将这些奖励性绩效工资平均分给教师。当然，当下有不少学校采取了平均分配的方法，教师干好干坏一个样，甚至干与不干一个样，于是，绩效成了平均分配，而没有带来积极而为之"效"。

东北师范大学大连保税区实验学校则根据"多劳多得、优绩优酬"的原则，实行绩效工资制改革，从而大大调动了教师的工作积极性和主动性。

大连自贸片区为了落实关于切实提高教师待遇的要求，提出在改革中提高教师工资。东北师范大学大连保税区实验学校并没有采取平均分配的方法，因为教师虽然普遍地增长了工资，可积极性并没有随之增加。为此，学校将片区增长的工资转存于奖励性绩效工资里面，并进一步完善了绩效分配机制。

学校根据"多劳多得、优绩优酬"的原则，对奖励性绩效工资进行二次甚至三次分配。教学是教师的基本工作，因此学校以课时津贴为基础，制定了衡量备课、批改、辅导等工作的绩效标准，实现了全体教师依据工作量发放金额不等的奖励性绩效工资。

同时，学校大幅度提高班主任的岗位津贴，激发他们的工作积极性。片区内的班主任岗位津贴人均300元，而东北师范大学大连保税区实验学校将其提高到1000～1400元。发放的标准，一是班级的学生数，二是教师的工作能力。

因为教师绩效工资改革方案的实施涉及全体教师的切身利益，所以东北师范大学大连保税区实验学校反复向全校教师征求意见，并组织召开教代会，大家形成了广泛共识，方案最终获得全票通过。于是，教师工作的优劣，当月就可在奖励性绩效工资上见分晓，最低的一个月2000元左右，最高的则达到6000多元。

不仅如此，东北师范大学大连保税区实验学校又把每年2月和8月两个月放假期间的奖励性绩效工资转存起来，并建立了教师校内的荣誉和奖励制度。学校根据考核评价和综合评定，给教师发放奖励，既有奖状和证书等精神奖励，也有奖金等物质奖励。这样便建立起一个校内的奖励系统，比如有"标兵教师""优秀教师"，还有"标兵班主任""优秀班主任"等称号及相应的奖励。全校获得过奖励的教师占到70%以上，也就是说，只要努力工作，得到奖励就不成问题。最高的单项奖奖金是5000元，最低的是200元。这就是三次分配。学校的年终奖也根据考核结果发放，哪位教师如果考评不合格，就只能与年终奖擦肩而过了。

当然，教师的很多工作并不能用纯粹的绩效来衡量。所以，东北师范大学大连保税区实验学校还加强了师德师风的建设，提出了"爱党爱国、立德树人、学高身正、敬业乐群、勤勉奉献、诲人不倦、长善救失、有教无类"为师八德的要求，对教师进行价值引领，不让他们把目光一味地盯在钱上，而是更多地盯在工作和育人上。而且，学校规定，师德师风的非常满意度低于90%的教师，不管教学成绩多好，都不能参加"标兵教师""优秀教师"的评选；家长班主任工作非常满意度低于90%的班主任，也不能参加"标兵班主任""优秀班主任"的评选。

谢新峰校长欣喜地说，绩效工资制改革大大调动了教师的工作积极性，即使以前不愿多承担工作的教师，也主动要求增加工作量，积极奋进成了绝大多数教师的内在需求，从而在全校营造了一种群体向上的良好氛围。

量化考核机制让评价更具科学性

不管是全员合同聘任制，还是奖励性绩效工资的发放，都要有公认的合理的依据，这就需要解决科学评价的问题。为此，东北师范大学大连保税区实验学校建立起了"6543"教师量化考核机制。

所谓"6"，是指六项考核内容，包括师德师风、专业能力、工作业绩、常规工作、专业发展、出勤缺勤等，每一项都有科学而又可操作的评价标准，在这个基础上换算出相应的考核分数。

比如在对教师师德师风的考核中，就有家长对教师，尤其是班主任师德师风满意度的测评。因为家长比一般人更了解他们，家长的测评结果多能合乎实际。为此，东北师范大学大连保税区实验学校专门制作软件，让家长匿名将评价意见发表到软件上，软件即可自动计算出某个教师总的考核分数。这种线上测评具有极为隐秘的特点，即使学校领导，也无法得知某一个家长评价的情况。所以，家长完全可以按照自己的意愿对教师进行测评，从而得出一个十分可信的量化分数。为了促进教师自觉地提升自我，学校会将测评结果"一对一"地反馈给教师。

学校无疑对所有教师释放出一个强烈的信号，那就是只有深爱自己的学生且具有敬业精神的教师，才能得到家长的好评。这让原本优秀的教师更加优秀，希望能抵达"更上一层楼"的境界；也让以前对学生不够关心、工作上不够敬业的教师反省自己，以期在下一次的家长测评中跻身优秀者之列。

这一举措不但杜绝了教师违规办班的问题，而且让学校的课后延时分层服务更好地落地，学生在校即可在教师的指导下顺利完成作业，既减轻了学生的学业负担，也增加了他们的幸福指数。

为了让教师在家长中树立一个好的师者形象，教师节之前，东北师范大学大连保税区实验学校给教师发了一封倡议书，要求大家过一个廉洁绿色的教师节。因此，即使有的家长主动给教师送礼，他们也会婉言谢绝，从而在广大家长中提高了威信。

所谓"5"，是指教师量化考核评价具有五种技术，可以通过不同的方式，对上面所说的六项考核内容进行科学有效的测定。

所谓"4"，是指四个评价主体。

第一个评价主体就是学生家长。让家长对教师进行评价是当前讨论比较多的话题，评什么、怎么评、评价的结果怎么用等问题一直处于争论之中。谢新峰校长认为，家长关注和了解教师的师德师风，因此可以把师德师风的评价交给家长。需要说明的是，在评价师德师风的时候，一、二年级学生的家长还兼有教学满意度的评价任务，因为低年级学生对教学满意度进行评价的时候，往往需要家长的辅助才能完成。

第二个评价主体是评委会。评委会的主要任务是进行课堂观察，深入每个教师的课堂听课，通过不同层次的课堂教学评价表，以打分的方式量化每个教师的教学能力。

为此，东北师范大学大连保税区实验学校根据教师的教龄建立了课堂教学观察和研究制度，对教师的汇报课、展示课和研究课进行观察与研究。不过，学校明确告诉教师，课堂教学观察并非只是为了考评，更是为了促进教师的专业发展。所以，考评之前，学校会把具有引领性的考核评价标准发给所有教师，让他们各自循着更好的方向努力。而且，学校允许教师为了准备上好一节课而反复磨炼，正是在这种磨课中，他们有了更多的感悟和更好的发展。

同时，东北师范大学大连保税区实验学校还有常规检查、考勤统计、通过教案考察教师备课情况、基于标准的教学质量分析等措施。

此外，东北师范大学大连保税区实验学校通过学生作业考察作业量的多少和教师批改作业的情况，从而解决了学生课外作业负担过重和教师批改作业不认真的问题。

第三个评价主体是学生。学生要对教师进行课堂教学的满意度评价。

学生对教师教学水平的高低有着直接的感受，是最有发言权的群体。有了学生的评价，教师备课教学的时候，就必然要考虑学生的需求。为此，教师就要主动地听取学生的意见，不断地改进教学方略，以至变革教学方式，从而真正走向高效教学的殿堂。

第四个评价主体是同事。教师们长久相处，对彼此有着更为深入与真实的了解。同事之间进行评价，还会在无形中让教师之间的关系变得和谐。

以上四个评价主体的评价，形成了教师评价的科学的、基础性的评价数据。

所谓"3"，是指考核评价的结果有三种用途，即教师量化考核评价所得出的结果与教师的评奖评优、职称评聘、解聘续聘直接挂钩。

在学期结束之前，东北师范大学大连保税区实验学校会召开学校考核评价组、家长委员会负责人共同参与的考核评价委员会，根据考核评价指标，公布对每个教师的评价结果和评价意见，据此提出哪些教师可以继续聘任，哪些教师不再聘任。

这种令人信服的评价结果，鼓舞了继续受聘的教师的干劲，也让解聘的教师反思其过之后，再在其他学校教学的时候加倍努力，不再"重复昨天的故事"。

有人曾问过这样一个问题："把评价结果量化为具体分数固然很好，可量化的依据是什么？"

谢新峰校长说，为了保证对每位教师进行公平公正的评价，全校统一了评价标准，对不同学科、不同年龄、不同职称等不同类别的教师分别建立了一个评价制度，并向全体教师征求意见。该制度在教代会上通过后，以学校文件的形式固化下来。

过去传统的教师评价，往往不知道该评什么，由谁来评，如何评，评价结果该怎么用；而这个"6543"评价系统，则有效地解决了以上的所有问题。

这样的教师评价就不再是虚晃一枪，而是真刀真枪地干，从而具有了实实在在的价值。

改革成功必备的四大要素

东北师范大学大连保税区实验学校在体制机制改革方面取得突破性进展的前后，有的学校也试图在这方面有所作为，可是，他们迎来的并非是胜利的曙光，而是失败的魔咒。

为何会出现这种尴尬的局面呢？

因为学校要想在体制机制改革方面取得成功，有四个要素是必不可少的。

已经充分掌握这四大要素并改革成功的东北师范大学大连保税区实验学校校长谢新峰在接受笔者访谈的时候，做了如下的解说。

一、要有系统思维

教育体制机制改革属于社会治理改革，每一个点的改革都有可能牵一发而动全身。如果仅仅进行某一单项改革的话，就可能因其他方面的掣肘而让改革举步维艰，甚至造成全盘皆输的局面。所以，体制机制改革必须具有系统思维，从而进行全方位的顶层设计，推进问题的全面解决。

二、要构建政府部门和学校双向互动的关系

体制机制改革涉及政府部门与学校两个方面，只靠政府部门或学校一方单打独斗很难取得真正意义上的成功。政府部门的职能是发动改革，提供政策上的支持，用制度经济学的话讲，就是提供制度资源或释放制度资源。在东北师范大学大连保税区实验学校改革起始阶段，区政府部门就制定了针对这所学校的体制机制改革文件，没有这一制度资源优势，东北师范大学大连保税区实验学校的改革就无从谈起。

可如果文件下发之后，学校只是被动应付，改革也不可能推行下去。所以，学校要应时而动，发挥主动性，快速而又扎实地推进改革。在取得阶段性的成果之后，学校又有可能出现新的对政府部门资源和制度创

◎ 大连市教育局、金普新区教育局、大连自贸片区管委会领导到学校调研机制改革情况

新的需求。对此，学校要及时主动地与政府部门沟通，从而让政府部门再次形成新的文件。

金普新区和大连自贸片区政府部门具有改革的气魄，又敢于大胆地放手让学校自己进行改革，与学校形成了真正的合力，改革才得以顺利推进。即使在改革过程中遇到一些问题，政府部门和学校双方也会很快通过沟通让问题得以解决。

谢新峰校长认为，正是因为政府部门与学校的真改革与大合力，东北师范大学大连保税区实验学校才能从改革起始走到今天，并有了扬帆远航的气势。

三、要推动改革的关键项目在校内率先取得突破

学校推进体制机制改革的时候，不能避重就轻，而是要抓住改革良机，在关键领域实现突破；如果错失良机，学校就有可能陷入进退两难的尴尬境地。

政府部门关于体制机制改革的文件刚一形成，东北师范大学大连保税区实验学校便在全员聘任制方面开始行动，很快用合同制的形式招聘了30名教师，解决了师资短缺的问题；随后又马不停蹄地实施绩效工资制改革，并一举成功。从学校各个领域改革方案的出台到教代会讨论通过，再到全员聘任制的实施和奖励性绩效工资的发放等，东北师范大学大连保税区实验学校只用了短短一个多月的时间。

学校改革力度之大和推进之快，更加坚定了政府部门支持学校体制机制改革的决心。教师感受到改革之风竟是如此清新，同时改革带来的红利又让他们欣喜不已，于是，改革在学校里也就有了良好的群众基础。

四、要运用法治思维对成果进行及时固化

有些学校也进行了体制机制改革，并取得了一定的成果。可是，由于学校领导层的人事更替，原有的改革受到阻碍，甚至中止，学校便又重新回到传统的体制机制上来。

谢新峰校长说，学校要想在体制机制改革方面取得持久的胜利，就一定要用法治思维固化改革的成果。

比如《东北师范大学大连保税区实验学校教育体制机制改革创新方案（试行）》在主任办公会上通过后，不仅以会议纪要的形式下发，还由管委会办公室以文件的形式下发，而作为完善和细化改革方案和突破性标志的《关于解决东北师范大学大连保税区实验学校若干问题，全面推进教育体制机制改革的请示》是新区教育和文化旅游部门就相关问题向新区管委会提交的一个请示报告，新区管委会主要领导批示后，以文件的形式下发至相关单位，这就具有了制度固化之义。全员聘任制、绩效工资制等的一些关键性问题，正是以管委会文件的形式固化下来，才有了这一改革成果长期合法存在的意义。

谢新峰校长认为，推进体制机制改革，是学校实现持久而又快速发展的根本方法。本立而道生，发展学校固然需要"术"，可核心要素却是"道"。没有本，就遑论道；有了体制机制改革之本，学校才能具备生生不息的发展动力；有了道，学校在未来才会迎来一个更加明媚的春天。

精神的光芒在这里绽放
——济南市历城第二中学立德树人的教育风景

近年来,济南市历城第二中学(以下简称"历城二中")教育教学质量与日俱增,其知名度、美誉度也随之水涨船高。这所原本名不见经传的区直学校能够突破重围,定然有着常人未曾解开的奥秘;而其领军人物李新生校长闻名全国,也定有着常人难以企及的智慧。

10年前,这所学校和李新生校长虽然尚未闻名,但已显露出强劲的发展动力。

近日,笔者再次走进已经取得瞩目成就的历城二中的时候,激动的浪花便不由自主地又一次在胸中翻卷起来。而将历城二中快速发展的内在原因有效而又正确地找到,无疑是一个巨大的挑战。

随着走访的深入,笔者愈发感到立德树人是李新生校长成就名校的一大战略部署。历城二中接踵而至的诸多成就,无不与立德树人有着难分难解的关系。谈及德育的时候,受访者的脸上绽放出来的光彩,以及他们讲述的发生在他们身边的感人至深的故事,自始至终都激荡着笔者的心怀,流溢于笔端。

"勤志"文化：构建无处不在的育人场域

历城二中的校训是"人生在勤，志达天下"，这一学校精神文化的核心，并非只是以文本的形式书写在校园里，而是刻到了全体历城二中人的心里，并外化成他们的自觉行动。

一、中学生之"勤志"

每个人只有一个中学时代，在这个风华正茂的年龄段，你会选择毫不吝惜地挥霍时光而去尽情地享受它，还是选择在刻苦勤奋的道路上坚持不懈地攀登知识的高峰？

毫无疑问，历城二中的学子会选择后者。

更重要的是，历城二中勤奋好学的学生，不是两个三个，而是所有的学生。即使以前不爱学习的学生，走进历城二中之后，不长时间，也会变得刻苦好学。

为此，一些家长众口一词地说，孩子在历城二中上学，的确有不小的压力，因为人人都努力向上，你稍有懈怠，就有可能被落在后面。再说，你不想努力都不行，整个教室乃至学校里的学生都在专注地学习，你想找一个和你一块玩的同伴都找不到。这并不是说历城二中不让学生玩，而是该玩的时候玩，该学习的时候就得学习。比如在操场上，学生可以奔跑、跳跃，甚至大喊大叫，但在教室里，学生就必须专注地听课与学习。有人说，在历城二中教室里，学生自主学习的时候，掉一根针都能听得一清二楚。可李新生校长说，这只是表面上的静，此时此刻，学生的大脑却是飞速运转着的。

　　一个朋友的孩子到历城二中上学的第一周，笔者问其感觉如何。他很不高兴地说："太紧张了！不是人待的地方！"过了一个月左右，笔者再次见到他，又问起同样的问题。这次，他没有不高兴，也没有生气，而是不紧不慢地说："我也许能适应的。"三个月后，笔者又一次问他，他脸上有了光彩，甚至十分兴奋，说："太好了！我感觉来历城二中三个月学到的知识，比我初中一年学的还要多！太好了！"笔者问他学习紧张不紧张。他说："说不紧张是假的，可紧张得有价值。再说，我已经习惯了这种紧张。"停了片刻，他又说："不只是习惯，而是爱上了这种紧张。"后来笔者又见到了他的爸爸，这位父亲极其亢奋，说他的儿子对他说："老爸，人生能有几回搏？我和同学们都在搏！"这位父亲还说，他的儿子精神状态极佳，并没有因学习紧张而疲惫不堪。相反，每次见他，他都精神焕发。这让他们夫妻两个都高兴不已。

　　在谈起这件事情的时候，李新生校长微微一笑，说："所谓的累，更多呈现在心理层面。如果学生学习起来很快乐又有收获的话，即使紧张，他们也不一定觉得累，这就是所谓的'乐此不疲'。相反，如果学生用于学习的时间不多，学习的时候又松松垮垮，甚至感到没一点意思，考试成绩又不断下降，他们反而有可能觉得很累。因为心累了，也就不快乐了。"

　　是啊，孔子好学的精神流芳千古，他累吗？一点也不累，他甚至说自己"发愤忘食"。如果让学生养成勤奋好学的习惯，并培养其"发愤忘食"的学习品质，学生就不但会感到学习是一件很有意思的事，而且还会抵达"好之者不如乐之者"的境界。

二、教师之"勤志"

那么，如何让学生养成勤奋好学的习惯？

李新生校长认为，教师的率先垂范和身体力行，起到了至关重要的作用。

据学校办公室副主任张蕊讲，每年临近高考的最后一个月，所有任课教师尤其是班主任，都全天候24小时地陪伴着学生。白天，班主任将桌子搬到教室里或者靠近教室的走廊上办公；晚上，他们则走进学生宿舍，以便随时发现并解决学生的问题。他们都有一双敏锐的眼睛，即使学生默默无言，他们也会立即发现问题。比如某个学生不太开心或者有些焦虑，班主任便会未卜先知般地对这个学生进行有效的心理疏导，化解其心中的郁结。即使学生情绪不差，班主任也不放松"警惕"，不断地给他们送去温暖与问候，让他们心情愉快地面对高考。

毕业前夕，张蕊总会到一些班级拍摄那些感人肺腑的瞬间，经常看到有的女生或男生恋恋不舍地抱着班主任失声痛哭，这时，张蕊也会不由自主地流下眼泪。

这种依依惜别的情景，折射出来的是三年来师生之间极其深厚的感情。班主任对学生的关爱和对工作的全身心投入，学生看在眼里，记在心里，所以，他们也就会以教师为榜样，更加努力地学习。

何止班主任，其他任课教师也一直在兢兢业业地工作着。

据历史教师刘振华讲，学生晚自习下课后，教师的办公室里依然亮着灯光，很多教师在没有领导要求的前提下，依然埋头备课或批改学生的作业。有的教师还会悄然走进教室，趁学生睡觉的时间，独自面对一张张桌椅，极其认真地讲课。而有的教师，为了备好一节优质课，会利用周末时间在办公室待一整天，专心致志地备课。好多个恶劣天气里，全校所有班主任无怨无悔地坚守岗位，直到学生熟睡后，才在茫茫黑夜中踏上回家的路。即使是在外出开会的车上，有的教师也会神情专注地批改作业。刘老师感慨不已地说："勤奋的老师不晕车！"寒暑假期间，学生家长 QQ 群里，不少教师在询问孩子假期里的学习、生活情况，并循循善诱地对学生进行及时指导。

何止任课教师，其他各个工作岗位上的历城二中人，也在默默地耕耘着。比如总务处的教师，一旦发现哪个地方有需要修理的设备，哪怕是一个不重要的线路，即使在深夜，也会立刻赶到，尽快修好。

刘老师在滔滔不绝地讲述全校教职工勤奋地耕耘在教育教学和后勤工作一线的时候，唯独没有谈及自己。但在其他教师口中，笔者了解到他同样是一个极其勤奋的教师。在学校里，他常常和同为教师的妻子一起备课、学习到凌晨；在家里，妻子和孩子入睡之后，他又悄无声息地披衣而起，为了不影响家人休息，就偷偷地躲在卫生间里备课或学习。为了教好学生，牺牲休息的时间对于他来说早已成为寻常之事。

有人问他："这样会不会太辛苦？"

他说："你看看我像劳累过度的人吗？"

确实，观其面容，他脸上绽放出的是健康而愉快的笑容。

刘振华老师如是，张希峰老师亦如是，只不过在表现形态上有所不同而已。

其实，教师就是学生身边的一个榜样，会对学生产生直接影响。所以，教师在向学生讲校训"人生在勤，志达天下"的要义的时候，首先自身应当是一个躬身实践者。

张希峰老师是高二年级的一名历史教师和班主任，还是年级副主任兼教科室副主任，负责学校心理健康教育和家庭教育方面的工作，而且在学校党支部里还担负着一定的党建工作。

尽管人们常说能者多劳，可学校也不应把这么多的工作安排到一个人身上啊！

其实，这其中另有原因。

历史教师、班主任是学校安排的工作，他是没有任何理由推脱的；年级副主任是他毛遂自荐申请来的，他也责无旁贷；可其他的工作，全是他"自找"的，而且一旦工作到手，他就不亦乐乎地忙碌起来。

当然，"自找"工作，需要的不只是热情，还要有所研究，否则就会误人子弟，比如心理健康教育，没有这方面的知识与经验非但做不好工作，甚至有可能贻笑大方。

其实，张老师早有"预谋"。他三十五六岁的时候就发现，没有一定的心理健康素养，是很难做好班级管理工作的。所以，他决心要考心理咨询师。可平时工作繁忙，他很难抽出时间学习那么多之前不懂的知识。为此，他将写有知识点的纸条压在办公桌的玻璃下，只要有空便背诵。他虽小有收获，但因事务繁忙多有阻断，挫败感经常袭上心头。但一想到多学一些心理学知识，能够更好地开展班级管理工作，他就又下定决心，继续坚持下去。在他持之以恒的努力下，终于功夫不负有心人，他只参加了一次考试就拿到了心理咨询师的证书。

当学生的心理问题呈现上升趋势的时候，张老师便主动带领十几位教师，成立了学校心理健康教研组，马不停蹄且又热火朝天地干了起来。这一做法竟然有立竿见影之效，使班级管理工作抵达一个新的境界。同时，由此衍生出来的家庭教育工作又在他的带领下开展起来。

众多工作集于一身，累吗？当然累。有时在某个地方刚一坐下，张老师瞬间就进入了梦乡，以至让学生看到后惊诧不已，询问他练了何种功法，竟能如此神速地入睡。

张老师问学生想不想探寻其中的奥妙，学生齐声欢呼，请张老师传授技艺。

于是，张老师便慢慢道来，一个人承担这么多工作，又要将每项工作做好，没有其他办法，只有加倍努力，为此就必须加班加点、早起晚睡。

于是，知其底细的学生就提出疑问："其中有些工作不是你'自找'的吗？只干学校安排的工作，不就轻松一些了吗？"

张老师说："按这名学生的说法，我是可以少做很多工作，可是，这些工作非常重要，现在学校又缺人手，况且我对此有一定的研究，我不来做，又能推给谁做呢？再说，累虽累，但我做的都是有益于学生成长的事，于是我便可以从累中体味到无限的快乐。"

学生听得极其专注，也很受感动。

这个时候，张老师再向学生提出不怕苦、不怕累、努力学习的要求时，便有了十足的底气，让学生心服口服。于是，学生都以张老师为榜样，不但有了努力学习的积极行为，而且有了主动承担班级事务的精神品质。

也有学生出于关心，劝张老师尽其心即可，不必样样追求卓越。

可张老师说，与其如此，还不如不干，干就一定要干好。

他外出参加优质课大赛，每次都能捧回一等奖的证书；在班级工作量化管理评比中，他每次都名列前茅。年级副主任工作，他始终尽心尽力；心理健康教育和家庭教育等工作，他也力争做得尽善尽美。2020年年底，由他牵头的历城二中心理健康教研组获得市宣传部门和市教育部门联合评选的"济南教育榜样"之"暖心服务团队"称号；因家庭教育工作突出，历城二中被评为"济南市百所家长示范校"。

所有这一切，学生都看在眼里，感动在心里，所以，张老师再要求学生追求卓越、努力进取的时候，学生就会感到不努力、不上进的话，既对不起老师，也对不起自己。

张老师说，他只是奋斗在教育教学一线教师中的一分子，当所有教师都在自己的岗位上拼命搏击的时候，学校里自然就形成了一个对学生产生积极影响的"勤志"文化场域。

三、校长之"勤志"

当笔者还在有感于刘老师及其他教师所构建的"勤志"文化场域时，他们却说："我们也是被一个人所摇动和唤醒的，而这个人就是我们的校长李新生。"

在历城二中，李新生校长毫无疑问是一个非常勤奋的人。

副校长李矿水说："每逢和教师谈起李新生校长，大家都会被他的精神感动。他在历城二中担任校长的20多年间，如果没有出差，每天都第一个到校，最后一个离校，将近凌晨才回家。有时我加班到深夜走出办公室来到校园时,还会看到李新生校长拿着手电筒在一座又一座教学楼里巡视。所以,很多教师看到那束手电筒发出的光,心里都会燃起勤奋向上之火。"

李新生校长在谈到自己的"勤志"时,认为这是一位校长必备的品质。校长率先垂范,学校其他领导、中层干部和教师就会自然而然地也勤奋起来。

孔子有言:"其身正,不令而行。"李新生校长的一身正气,让全校的教职工"不令而行";他超越常人之勤,也让大家"不令而行"。

李新生校长说,每一位教师都有一双火眼金睛,学校领导尤其是校长的一言一行,他们都看得一清二楚。校长以身作则了,干部就不可能工作懈怠。

他说,2020年暑假,几名干部主动要求辞去职务。他们不是不勤奋、不努力,而是因为年龄大了,像年轻人那样起早贪黑、忙忙碌碌,体力

◎ 李新生给学生上思政课

实在支撑不住。如果不这样做，他们就无法起到引领作用。

谈及此事，李新生校长略有惋惜之情，又不无骄傲之意。他既感谢这些年龄大些的干部在年轻的时候为学校废寝忘食、加班加点地工作，又感动于他们在力不胜任工作的时候主动让贤。这些干部的所想所行都是为了学校能更好地发展。也正是有了这么多优秀的干部，学校的发展才有了持久的动力。

当"勤志"文化内化于心、外化于行的时候，学校就有了蓬勃向上的精神气象。

记得10多年前笔者第一次到历城二中讲学时，离开讲只剩五六分钟，报告厅依然空无一人，当时笔者思忖：这所学校的教师竟是如此懈怠，想必更不会认真听讲了。

可就在笔者的这个想法刚冒出来的瞬间，教师突然快步且有序地进入会场，赶在开会之前全部端坐于各自的座位上。

从开讲到结束，全场数百名教师无一人走出报告厅。这简直令人惊叹！

张蕊说，雷厉风行是李新生校长一贯的作风，全校师生无不受其影响，历城二中也因此有了不同于一般学校的气象。

李新生校长认为，立德树人很重要的一个方面表现在行事风格上，诸事拖沓，所"树"之人就会没有朝气，也少了当代学生的风范；而雷厉风行，彰显的是蓬勃的朝气与昂扬的姿态。当全校领导、教师和学生都有了这种雷厉风行的行事风格的时候，也就形成了一种学校精神文化。

李新生校长非常喜欢这样一句话："教育的本质意味着：一棵树摇动另一棵树，一朵云推动另一朵云，一个灵魂唤醒另一个灵魂。"是啊，一个校长不就是一棵树、一朵云、一个灵魂吗？李新生校长不就是通过自己的勤奋之行为，在无形中摇动着干部、教师甚至学生，推动并唤醒他们吗？于是，就产生了"蓬生麻中，不扶而直"的效应，进而构建起历城二中勤奋向上的精神文化场域。学校文化是一所学校成为名校必不可少的要素，精神文化又是学校文化的核心要素。如此看来，正是这种精神文化的光芒，照亮了历城二中不断走向辉煌的前程。

爱国教育：奠定学生高尚品质的精神底色

爱国是每一个公民都应当具备的基本品质，对学生进行爱国主义教育有着深远的意义。历城二中高度重视爱国主义教育，而且探索出了很有实践价值的经验。

一、无处不在的爱国主义教育

《新闻联播》是中央电视台每晚播出的一档新闻节目，被称为"中国政坛的风向标"，作为以"宣传党和政府的声音，传播天下大事"为宗旨的节目，人人都应当认真收看。

那么，也许有人会说，学生尤其是高三学生学习任务太重，是不是可以少看或者不看呢？

李新生校长认为，学生不但要收看，而且要天天收看，高三学生也不能例外。因为观看《新闻联播》不仅可以让学生及时地了解国内外大事，还可以让学生潜移默化地接受爱国主义教育。

据李新生校长讲，在《新闻联播》播出"纪念中国人民志愿军抗美援朝出国作战70周年"活动的那一周，历城二中的班主任们举办了以"抗美援朝"为主题的班会，他们选取了抗美援朝战争中的几个重大事件，其中不仅有被编入历史课本的黄继光、邱少云的英雄事迹，还有电影《血战长津湖》里动人心魄、感人至深的场景。班会通过教师讲英雄故事、学生观看感人视频和发表感言，让学生了解到这段伟大而卓绝的历史，记住这样一群为国捐躯的仁人志士，从而培养学生的爱国主义情怀。

升国旗仪式也是爱国主义教育极其重要的载体，历城二中别出心裁，让这一仪式极大地激发了学生的爱国热情。

据长期从事团组织工作的张宇讲，在举行升国旗仪式时，学校请来社会上的一些知名人士或在某一领域很有造诣的家长，为学生做国旗下的讲话。比如北京奥运会男子双人3米板跳水比赛金牌得主王峰，通过讲述其自身经历，告诉学生："人的精力是有限的，但人的毅力一定是无限的！"学生听得聚精会神，讲话结束后仍激动不已，立志向王峰学习，让自己在学习的道路上更有毅力，也更有收获。

在升国旗仪式中齐唱国歌的时候，学生更是激情满怀，爱国之情油然而生。国歌能表现一个国家的民族精神，能代表国家和人民的意志，可以用来歌颂与鼓励一个民族的信心与凝聚力。所以，唱国歌这一环节带有浓郁的爱国主义色彩，极易唤起人们内心深处的爱国主义情怀。

李新生校长不但要求学生在升国旗时唱国歌，而且要求学生在任何场合和时间，只要国歌响起就立即庄严肃穆地站立起来。于是，国歌响起时，历城二中的学生若因急事而匆匆走在路上，便会马上驻足而立；如果正在用餐，就马上放下碗筷，站立起来；即使坐在公交车上，也会瞬间离座而起，并表现得十分严肃而又自豪。

李新生校长欣喜地说，历城二中的学生这种闻歌而起且心怀爱国之情的行为，已经成为一种习惯，并进而形成一种校园文化。在那一刻，身为中国人的自豪感在学生心底油然而生，其本人也感受到生命的价值与意义。

李新生校长认为，只要一以贯之地对学生进行爱国主义教育，埋藏在他们心中的爱国热情就会被激发出来，从而让他们将自己的生命成长与国家的发展强大联系在一起。基于此，历城二中的爱国主义教育不但内容丰富、形式多样，而且贯穿于每个月和每个周。正是这种坚持不懈的爱国主义教育，让历城二中的学生对伟大的祖国有了更深的感情，增

◎ 参观辛弃疾故居——"寻中华民族传统文化之根，访历城名士爱国精神之源"

强了他们的责任感与使命感，从而在无形中提高了他们学习的自觉性与积极性。从这个意义上说，对学生进行爱国主义教育，即使耽误了一些学习时间，学生的考试成绩也不仅不会下降，反而会呈现出逐渐上升的趋势。因为一个人立志为国争光的时候，就会生成一种持久的积极动力，从而"不待扬鞭自奋蹄"地投入学习之中。更重要的是，有了这种爱国情怀，在成人成才之后，学生还会持久地为了国家的强盛而奋斗，从而让自己的生命焕发出绚丽的光彩。

二、指导奥赛时的爱国主义情怀

也许有人认为，参加奥赛的学生，一定是两耳不闻天下事，一心只研奥赛题。可历城二中参加奥赛的学生并非如此，指导他们的教师也不允许他们如此。在他们看来，如果只为个人取得奥赛金牌而没有爱国之心的话，那样的金牌简直分文不值，因为一个没有家国情怀的人，即使摘取再多的金牌，未来也不可能成为国家的栋梁之材。

化学教师刘红梅从2009年9月被聘为历城二中化学学科奥赛主教练以来，所带学生共摘取全国决赛16块金牌、18块银牌，获得省级赛区一等奖139人次，其学生均被重点大学录取，她本人也连续10年被评为学科奥赛的"优秀指导教师"。

这位教师所带学生何以有如此喜人的奥赛成绩，成了人们争相探索的问题。

笔者也怀着好奇心，走访了这位言语不多而又落落大方的教师。

出人意料的是，自始至终，刘老师没提一句如何对学生进行化学奥赛的专业指导，也不谈学生参赛取得的成绩，而是始终在谈论一个话题——爱国主义教育。

她说，化学奥赛的内容特别前沿，而且更新极快，基本上两年就全部更新一次。所以，要想在"苟日新，日日新，又日新"的化学世界里领一代风骚，不付出巨大的努力，是绝无可能的。尽管近年来我们国家在这个领域有了很大的进步，可比起发达国家还有一定的差距。那么，作为中华民族的希望，学生就应当百倍努力，取得好成绩，为国争光。学生认同了她的这个理念并产生情感共鸣的时候，就有了百折不挠的学习精神，取得好的奥赛成绩也便在情理之中了。

同时，刘老师对学生讲，我国古代的很多发明都与化学有关，我国曾一度在化学领域处于世界领先地位。用硫酸铜做硫酸，我国也比世界上其他国家早发现了100多年。这样的例子不胜枚举。每次谈起这些，刘老师脸上都会绽放出自豪的笑容，眼中也闪耀着令人惊喜的光芒。而学生听得热血沸腾，于是，奋发图强就在每个学生心里扎根。

刘老师还会给学生讲中国近代科学领域的领军人物。

她给学生讲杰出科学家侯德榜。侯德榜学成回国之后，在天津塘沽建起中国首个碱厂，从而打破了索尔维制碱法的垄断，发明了世界制碱领域的先进技术，并为祖国的化工事业奋斗终身。他把自己买下的两套房子全捐了出去，又将自己的积蓄存入银行，开了一个专门账户作为基金，用利息购买国外的先进技术，用于制碱事业。侯德榜逝世前，又将一生珍藏的所有图书和资料捐献给了国家。

刘老师讲得动情，学生听得入神。于是，侯德榜这个集世界一流科学家和伟大爱国主义者于一身的形象，就定格在了学生心中。

刘老师还给学生讲冶金化学家叶渚沛。叶渚沛即使在特殊时期遭受迫害，也从未放弃对祖国的爱，并为祖国做出了卓越贡献。所以，中国科学院过程工程研究所所长张锁江称他是一位"伟大的爱国者"。

刘老师也给学生讲被誉为"中国量子化学之父"的唐敖庆。唐敖庆是我国现代理论化学的开拓者和奠基人，为我国的量子化学做出巨大贡献。

同时，她也郑重地告诉学生，我国许多世界顶尖的大科学家，毅然决然地放弃了国外极其优厚的待遇而回国。正是这种伟大的爱国主义精神，锻造了他们伟大的人格。所以，要向他们学习，不能为名利而参加奥赛，而要为祖国的强盛终生奋斗。

她的爱国宣言也贯穿于她的教育教学之中。她指导的学生不但取得了优异的成绩，而且有着澎湃于心中的爱国之情。

刘老师葆有的爱国主义情怀早有渊源。她的伯父参加过辽沈战役和平津战役，且先后两次参加抗美援朝战争，济南的黄台电厂就是她的伯父带兵修建的。所以，刘老师小时候就从她的伯父那里潜移默化地接受爱国主义教育。继而，她教育自己的学生要报答祖国的养育之恩，即使出国深造，也不能忘本，而且要做到"国有难，召必回"。

说起刘红梅老师，李新生校长很激动。他说，刘老师在化学奥赛方面的造诣在全国都是屈指可数的。她的心里一直涌动着爱国之情，因为在她看来，爱国主义是锻造学生高尚品质的精神底色，有了这个底色，他们不但能取得理想的成绩，更能成为国家的有用之才。

劳动教育：让学生体悟其中的艰辛与幸福

只有经历了辛苦的劳动，我们才能真正懂得"粒粒皆辛苦"的深刻内涵，由此拥有对劳动以及劳动者割舍不下的感情，生成百折不挠的精神。

近年来，我国越来越关注学生的劳动教育，并且实施德智体美劳"五育"并举的教育发展战略。其实，德育之外的"四育"，无不与德育有着千丝万缕的联系，劳动教育更是与德育有着密不可分的关系。

历城二中一直对学生进行着卓有成效的劳动教育。

李新生校长小时候就是在既学习又劳动的环境中成长起来的，他对劳动有着深厚的感情。随着年龄的增长，这种感情非但没有变淡，反而愈加深厚。所以，他当校长之后，就一直倡导对学生进行劳动教育。

一、在家学做家务

如今，有些家长对于家务经常大包大揽，即使孩子主动要求做家务，家长也会言之凿凿地阻拦："你的任务是学习，做家务是父母的事！"

据历城二中副校长李矿水讲，为了培养学生的生存能力和热爱劳动的良好品质，让其体会父母平日的辛苦，学校多次召开家长会，向家长们讲述让孩子参加劳动的意义，并明文规定，每个学生都要做家务。家长普遍反映，孩子通过打扫房间、买菜做饭、洗衣服等家务劳动，不但增强了自理能力，而且越来越体贴父母。

据初一年级主任兼班主任王明军老师介绍，学校设有"感恩父母课程"，其中一个重要的内容就是做家务。该课程要求学生在家帮助父母做一些力所能及的家务，从而体会父母的辛苦与不易。家长也明白学校如此而为的良苦用心，可当孩子真要帮助自己做家务的时候，却又不忍心让孩子做。

为此，学校将劳动作为学生的一项作业，学生不但必须做，而且要以照片为证。为了完成作业，即使家长想帮孩子做家务，也难以如愿，只好拿起手机为孩子拍照。

孩子家务做多了，家长也就将孩子做家务视为平常事了。所以，一段时间之后，不但孩子认为帮助家长做家务是自己应该做的事，而且家长也为孩子有了感恩父母之心而高兴起来。

这样的劳动教育日复一日地进行下去，就会潜移默化地培养孩子的优秀品行，不但当下可以显现出它的积极影响，而且会在孩子未来的生命里体现更加久远的意义与价值。

班主任张金保老师说，每逢假期，他都会给学生布置劳动作业，要求学生帮父母做力所能及的家务，比如要学会做饭，不一定要会炒很多道菜，但至少要炒好一两道菜；未必掌握整个包水饺的流程与做法，但至少要学会其中的一个环节。慢慢地，孩子不但有了劳动的意识，而且与家长的关系更加密切。全家人在一起做家务的时候，那种其乐融融的景象，既是父母向往的，也是孩子期望的。

李矿水副校长分享了一些学生写的关于做家务的感想的文章。这些学生不仅喜欢上了做家务，还从中悟出了一些道理。比如，5502 班王伟奕同学写的《食中悟道》一文中就有如下精彩的描述：

随着夜幕降临，我向母亲请教了一道翡翠鱼丸汤，柴米油盐酱醋茶调味着五彩斑斓的生活，一道清汤虽普通，却不失内涵，让人心生向往。

先将鱼泥与葱、姜融为一体，鱼的腥味便会神奇地消失，但鱼肉的鲜美之味却依然留存完好。然后将鱼泥揉成鱼丸。

随后，先将鱼丸煮熟放置一边，将娃娃菜与各种备好的调味品放入开水中，再将煮好的鱼丸放入，静候。这期间，火候要掌握好，不可过大，也不可过小。这就像做人做事，要掌握它的度。"凡事当有度，不及难成，过之易折"这句话讲的就是这个道理。

这无疑是一篇言美意丰的佳作，这位学生在制作翡翠鱼丸汤的过程中的感想，令人想起庄子《庖丁解牛》中的庖丁为文惠君解牛时的那种感悟。庖丁自称"臣之所好者，道也"，而王伟奕同学由此悟出的做人做事之道也有着发人深思的哲理。

5510班耿肇禧同学的《我和厨房有个约会》、5506班杨一凡同学的《人间烟火气，最抚凡人心》、5515班刘佳琪同学的《轻倚时光的路口，静待花开》等，同样令人感动。学生认识到，做家务不仅不是负担，而且是一种高级享受；家长也由此改变原有的观念，以孩子会做家务为豪。

二、在校打扫卫生

谈起在学校里打扫卫生，张金保老师不由得忆起自己当年在小学和中学打扫卫生的情景。他说，那时的学校没有保洁人员，学校的卫生全由学生打扫。每周两次的大扫除，学生要把教室的玻璃擦得透明锃亮，然后在地面上洒些清水，把地面打扫得一干二净。学生打扫卫生时有说有笑，每个人都为自己为学校的卫生尽了一份力感到高兴与自豪。

那么，现在的学生为什么不能将教室打扫得干干净净了呢？

张老师认为，教师没有向学生讲清楚劳动标准和具体方法是一个重要的原因。

他说，有一次，他走进自己担任班主任的班级教室，看到地面较脏，就问值日生为什么打扫得不干净。

值日生略带委屈地说："已经打扫了呀！"

"打扫了怎么还这么脏呢？"

值日生看看地面，对张老师说："这不挺干净的吗？"

张老师这才意识到，学生的卫生标准和自己的卫生标准存在着很大的差距，学生是按学生自己的标准打扫的，而自己是按更高的标准要求学生的。于是，张老师专门召开班会，向大家讲明打扫卫生的各项标准。

同时，他还教学生劳动的方法。他发现，不是学生不想干，而是不知道如何干，于是全然按照自己的想象一干了事。为此，张老师用手机录了几段诸如怎样扫地、涮拖把和拖地等的小视频在班上播放，有时候，他还要手把手地教并即时评价。一段时间过后，学生打扫卫生便达到了很高的水平。

李矿水副校长还谈到一件他亲历的趣事。

一天，李矿水副校长发现一个身高1.78米、又胖又壮的男生在走廊里拖地，可他却直着身子，用一只手将拖把在地上甩来甩去，有时则拖着长长的拖把在地上来回走动，而地面只是略微湿了一点，脏污之处依然如故。李矿水副校长走上前去告诉这个男生，拖地的时候要弯下腰去，双手拿着拖把，使劲地来回拖动，才能真正将地拖干净。

这个男生虚心地接受批评与指导，用另一只手迅速地抓住拖把在地上蹭了几下，但仍不知往哪里用力。见此状况，李矿水副校长便从这个男生手上拿过拖把，为其示范了一遍。这个男生谦恭地表示感谢之后，便接过李矿水副校长手中的拖把模仿起来。

李矿水副校长因事离开了一会儿，他再次回来时发现，这个男生在涮完拖把后没有拧水，拖把上的水随之滴落了一路。他很耐心地告诉这个男生，在水池里将拖把涮干净之后，还要拧一拧水，然后再去拖地。

这个男生疑惑地说："请问老师，用什么拧啊？"

李矿水副校长从这个男生手里拿过拖把，用手使劲拧了拧拖布，然后把手伸到这个男生的面前。看到李矿水副校长的手上沾满了泥，这个男生很不好意思地低下了头。

李矿水副校长指着将要干了的地面告诉这个男生，如果拖把洗不干净，不仅不会将地面拖干净，还有可能越拖越脏。这个男生恍然大悟，快速跑到洗漱间，把拖把连续冲了几遍，又使劲用手拧了拧拖布，快速跑到李矿水副校长面前，弯下腰去，双手拿着拖把，用力拖了起来，直到把地面拖得干干净净为止。

这个男生咧开嘴笑着请求验收，李矿水副校长拍了拍他的肩膀说："小伙子，又长本事了吧！"这个男生不好意思又略含得意之情地笑了起来。

近日，李矿水副校长很欣慰地对笔者说："现在历城二中的学生，不但学会了打扫各种卫生的流程和方法，而且爱上了劳动。"

打扫卫生并非强体力劳动，可学生从中体味到了劳动的意义与乐趣。

学生身在一尘不染的校园里，心情都变得异常明媚，而且心情越是明媚，就越发爱劳动。

三、校外参加劳动

劳动的形式多种多样，参加校外丰富多彩的活动，也是一种很有意义的劳动。

据李矿水副校长讲，在假期里，学校组织学生走出校园，参与社会实践和社区服务活动，并要求学生按学时规定完成实践性作业，返校后将相关证明材料上交级部。

学校开展的老舍纪念馆讲解、稼轩祠志愿服务、薛家村国学堂义工等形式多样的志愿者服务活动，增强了学生的劳动观念，提升了他们服务社会的意识，产生了良好的社会效应。

历城二中还利用国庆节假期，组织学生参加农科院示范基地社会实践活动，从而让劳动有了现代科学的况味。在这里，学生看到了林林总总的传统劳动工具，了解到冶铁技术对犁的发展起到的巨大作用，也惊叹于传统喷雾器一天的除虫作业量和现代化无人植保机一天的除虫作业量的天壤之别。此外，学生还亲自下田体验除虫和躬耕作业，体会从传统农业到现代农业的演变过程，感叹科技的进步对农业以及整个社会发展起到的巨大推动作用。

而在一年一度的学雷锋志愿服务活动中，历城二中的学生则纷纷走上街头，开展形式多样的志愿者活动。他们通过精神和体力劳动的付出，感受到了为社会做奉献的喜悦。

李新生校长认为，通过劳动教育，可以培育学生以劳动为荣的优秀品质，从而使其抵制贪图享受、不劳而获等恶习。从这个意义上说，劳动教育也是为学生终身幸福奠基的一项工程。

智慧之爱：驱散学生心里的阴霾

不止一位教育家说过"没有爱就没有教育"的名言，当然，这是有一定道理的，可是，从逻辑上讲，这只是一个必要条件关系，即有之则未必然，无之则必不然。那些盲目爱孩子，甚至过度溺爱孩子的家长，反而没有让孩子步入光明的人生之路。有些教师也真爱学生，可由于恨铁不成钢，出口伤人者有之，动手打人者亦有之，结果学生非但没有感受到教师的爱，反而恨由心生，以致产生逆反心理，愈发与教师的愿望背道而驰。

所以，只有爱而不会爱，还不是好的教育。教师不但要真爱学生，还要有智慧地爱学生，让爱产生其本应有的作用。

孙元文便是一位有大爱之心、善于用智慧之爱化解学生心中阴霾的班主任老师。

在孙老师担任班主任的第二年，他所教的初二年级的一个女孩，父母离异，而且都不想抚养她。女孩究竟归谁来管，只能由法院判决。女孩的爷爷奶奶家在农村，无法出庭，即使出庭，也难以说出个子丑寅卯。所以，这个女孩希望班主任孙老师陪她出庭，孙老师马上答应下来，因为这也正是他的心愿。谈起出庭那天的场景，孙老师至今唏嘘不已。尽管法院把女孩判给了她的妈妈，她依然哭得痛不欲生，因为她有一种被父母遗弃的感觉,往日的父母之爱似乎从此烟消云散了。

一个原本活泼爱笑的女孩,从此脸上没了笑容,也极少言语。晚上,同宿舍的同学都进入甜蜜的梦乡,她却彻夜难眠,泪水一滴一滴地流落到枕头上。吃饭的时候,即使再美味的饭菜,她都感到像吃药一样难以下咽。就这样,她一天一天地憔悴下去,学习成绩也每况愈下。

孙老师心疼不已地和她谈心,可懂事的她却强忍着泪水说:"老师,请放心,我没有事的,过两天就好了。"

其实,她并没有翻过心底的那座大山。

一天夜深人静时,她躺在宿舍的床上,毅然地拿起锋利的小刀,决绝地去割自己的手腕。但割腕的剧痛让她忍不住大叫了一声,惊醒了同宿舍的同学。她们慌忙打开灯,发现她的手腕上已是血红一片。于是,她们一方面立即制止了她的割腕行为,一方面给孙老师打了告急电话。孙老师火速赶到,将她送往医院抢救,同时告知她的妈妈。

经过一段时间的治疗,这个女孩手腕上的伤口逐渐愈合了,可她内心的伤口还一直在流血。此后,她变得更加郁郁寡欢,极少与人说话,非常自闭。

于是,孙老师承担起了疗愈这个女孩心理重伤的责任与义务。每天吃早饭、午饭和晚饭的时间,他都和这个女孩同桌就餐,他吃什么女孩就吃什么。同时,孙老师边吃饭边和她很自然地聊自己小时候的事,也聊女孩的童年以及她老家的爷爷奶奶。非大休的周六学生回家的时候,孙老师还会领着这个女孩去自己岳母家里,让岳母包饺子、下面条、做好吃的菜,给她改善生活。同时,孙老师还抽出时间给这个女孩的爷爷奶奶打去电话，让他们没事的时候多来看看孙女。

孙老师还告诉这个女孩："大人有大人的事儿，孩子有孩子的事儿。父母都是成年人了，你没有办法管控他们的情感和生活。他们重新选择未来的生活，那是他们的自由。他们有选择结为伴侣的自由，也有选择分手的权利。千万不要认为他们这种行为就是不道德的。其实，离婚对于你的父母来说是件好事，他们反而都解脱了，也许比在一起生活得更开心、更快乐。也许他们以后还会碰上自己心仪的另一半儿，并迎来新的生活。这不是比他们痛苦地生活在一起更好吗？"

孙老师发现，自己入情入理的劝说，将女孩那颗已经冰冻的心慢慢融化了，便继续与她聊下去："你设身处地地想想，如果你结婚以后，你和你的先生感情不好，在一块生活很痛苦，那你觉得你们两个分开好呢，还是在一块好？"女孩似乎有些醒悟："还不如分开好。"孙老师接着说："是啊！你的爸爸妈妈分开，说不定对他们双方都有好处。再说，爸爸仍然是你的爸爸，妈妈也仍然是你的妈妈，他们的身份和角色都没有变。他们之所以没有主动地接纳你，不是不爱你了，而是认为自己没有能力和条件把你抚养好。你看你爸爸就是一个普通的司机，天天在外跑长途，哪有时间管你？你妈妈没有工作，只是一个家庭妇女，她担心给不了你好的生活，即便如此，你妈妈还是接纳了你。为什么？因为她觉得比起你爸爸，她能多一些时间和精力来关心、照料你。这不就是爱吗？"

每次的聊天都会在这个女孩的心里洒下一片阳光，过了大概半年的时间，她终于彻底从阴影里走了出来。她逐渐能吃下饭了，脸上也绽放出了笑容。

初中毕业后，这个女孩考上了高中；高中毕业后，她又考上了师范类大学；大学毕业后，她成了一名小学教师。

每年春节，这个女孩都会来看望孙老师，他们依然会像女孩上学时那样一起聊天，有时也会回忆往事。每逢此时，她总会说："老师，如果那个时候没有您像父亲一样关心我、呵护我，解开我的心锁，也许我早就不在这个世界上了！"

话说到此处，她的泪水已经情不自禁地流了下来。不过，此时她的泪水里没有了痛苦，全都是幸福。

更让孙老师感到欣慰的是，这个女孩成了一名非常优秀的教师，她用知识的乳汁哺育所教的学生，更把自己的爱播撒在他们的心田。

这只是孙老师智慧之爱的一个案例，在他多年的教学生涯中，还有很多鲜活的故事。而孙老师又是历城二中众多教师之中的一个，其他教师与学生之间同样有着很多感人至深的故事。这些汇聚起来的大爱情怀和智慧之爱，让名扬全国的历城二中有了更加璀璨的光芒。

严爱相济：让学生更好更快地成长

历城二中管理之严可谓远近闻名，对此，褒奖者有之，反对者亦有之，有的甚至说其压抑个性、摧残人性。在十七八年前，反对者的声音不绝于耳。不过，随着时间的推移，尤其是历城二中的声誉日渐提高后，褒奖者的声音愈多，反对者的声音愈寡了。

在多次到历城二中采访与讲学中，笔者越来越感到，历城二中非但没有实行像十多年前有些人说的非人性管理，反而是中国素质教育的一片沃土。尤其是在近日与李新生校长及一些教师的交流中，笔者发现，在一般人看来过于严格的管理中，却澎湃着大爱的情怀，历城二中做的全然是独具风格而又极见实效的立德树人之举。

比如学校明文规定，所有学生在校期间全部留短发。入学之前，有些长发飘逸的学生迫不得已，只好忍痛割爱，提前剪了短发，可到校之后，头发依然不合要求，只好再次剪短。有人对此项规定曾提出非议，这会不会让学生少了青春之美？李新生校长认为，对于学生来说，什么是美？难道留了长发，就一定美了吗？难道留一头短发，就丑了吗？所谓的美和丑，不同的人有不同的看法与标准。学校让学生一律留短发的规定，目的是让他们在生活中更加方便，也打消了个别热衷于打扮的学生过度追求外表美的念头，以免影响他们自己的学习，甚至其他学生的学习。再说，美与不美，在外表，更在心灵。让学生追求心灵美，才是德育的要义。

学校对学生的着装也有明确规定，在校期间必须穿校服。为何做此要求？

李新生校长认为，学生的家庭条件各不相同，贫富亦有差异，如果不加以限制，有的学生不但会穿名牌，而且还会带很多套衣服到学校来；而有的学生不但与名牌无缘，且连替换的衣服都很少。这便在无形中让有些学生因能穿名牌而多了骄傲之气，同时也让有些学生生出自卑心理。而一律穿校服的时候，大家就可以在着装上站在同一条"起跑线"上，没有了尊卑之别，多了平等之心。再说，不过多地关注着装问题，还会让学生更加集中精力学习。

张蕊对笔者说，李新生校长不但要求严格，而且追求精致。据她讲，有一天李新生校长发现车棚里电动车摆放得不太整齐，便立即告诉年级主任，让他给总务主任打电话，尽快解决这个问题。总务主任很快进行了整改。可两天之后，李新生校长再次走到车棚的时候，发现电动车尽管放得比以前整齐了一些，但并未达到他的要求。于是，李新生校长又立马给总务主任打电话，对他进行批评之后，让他马上解决这一问题。同时，在开行政办公会的时候，李新生校长再次讲到这个问题。此后，车棚里的电动车一直摆放得整整齐齐，成了一道美丽的风景。

也许有人觉得，这有点小题大做。李新生校长却并不这么认为，因为学校无小事，事事皆德育。电动车摆得不整齐，学生天天看在眼里，久而久之，他们便认为本该如此，在潜移默化中养成做事不认真和不追求完美的习惯，以致在其他方面也会敷衍了事、马马虎虎。习惯养成是终身大事，即使事情小之又小，也不能掉以轻心。

近日谈及这个问题，张蕊依然感叹不已。她说，她和其他教师几乎天天都会看到这些电动车，可就是没看出摆放得不合标准。李新生校长在管理上追求极致，从而让学生在潜移默化中受到教育。

李新生校长之所以在管理上追求极致，是因为中学阶段是培养学生良好习惯的重要时期，而在这个阶段养成追求极致的习惯，对他们来说无疑是一件受益终身的大事。

李新生校长能够发现一般人难以发现的问题，意味着他要付出比一般人更多的精力与时间。

据张蕊讲，在老校区的时候，她经常发现李新生校长和骑着自行车的总务副主任吕多会在校园里不停地转，有时凌晨一两点钟，还可以看到他们的身影。有一天晚上，学生宿舍熄灯之后，李新生校长按照惯例巡查时，发现在男生宿舍的一个厕所里，一名高一学生正在吸香烟。这个男生做梦都没有想到，在这个时间，校长会突然出现在他的面前。李新生校长严厉地批评了他，并根据学校规定让他回家反省。其实，这个男生上初中时就有了抽烟的嗜好，家长千方百计地予以制止都无济于事。后来，这个男生的父亲专门来到学校，向李新生校长承认自己在家庭教育方面的疏忽，也请校长再给这个男生一个机会，让他返回学校继续上课。其实，李新生校长只是想用这种方式给这个男生一定的惩戒，从而让他"改邪归正"，所以就答应了这个男生的父亲的请求，当天下午就让这个男生回校上课了。不料没过多久，他再次在宿舍熄灯后偷偷溜到厕所，点燃香烟，大口大口地吸了起来。可又让这个男生万万没有想到的是，李新生校长又一次突然"光临"。李新生校长对他进行更加严厉的批评后，再次让他回家反省。他的父亲又一次很惭愧地找到李新生校长，向他表达歉意的同时，还是请求李新生校长给这个男生一个改过自新的机会。李新生校长对这个男生的父亲说："中国有句俗话'过一过二不过三'，如果他再在学校里抽烟，就必须得转学。"

其实，李新生校长极其严厉的外表下，有一颗深爱学生的心，他是在用这种严厉的措施来惩戒这个男生，也"警告"家长，如果不严加管教，后果将不堪设想。于是，在学校与家庭的共同教育与帮助下，这个男生发生了翻天覆地的变化。他又一次返回学校之后，再也没有抽过一次烟，总算是与抽烟彻底诀别了。他万分珍惜李新生校长给他的这次改过自新的机会，努力学习，成绩步步升高，在其他方面的表现也越来越好。

一天，这个男生的父亲手捧一面锦旗，来到李新生校长的办公室。他向李新生校长表达了自己的感激之情，泪水也情不自禁地流了下来。李新生校长很诚恳地与他交流了很长时间。

这次交谈又让这位家长大为震撼。他说："本以为李新生校长特别严厉，没想到他那颗爱学生的心竟然是滚烫滚烫的。如果没有李新生校长的严格管教，我这个孩子就真的完了！他挽救了我的孩子，也挽救了我们这个家，让我们看到了未来的希望。"

是的，李新生校长心系学生，正因爱之深，才管得严。他经常说，为了学生更好地发展，作为管理者，校长既要爱学生，又要对其严格要求，甚至适当惩戒。

爱心之旅：在学生心里播下真善美的种子

学生有爱心，也应当有献爱心的机会。为此，学校就应通过有效的活动等，让其爱心放射出美丽的光芒。

历城二中的"爱心之旅"活动，让学生的爱心播撒到了乡村孩子的身上。

高三政治教师、班主任胡魁标在一次开班会的时候，和学生一起围绕献爱心展开讨论，最终形成一致意见：献爱心应当从现在开始，而且最好到经济欠发达的乡村去。

胡老师随后联系到一所比较偏远的乡村小学——沂源县鲁村镇国珍希望小学（以下简称"国珍希望小学"）。

星期六，胡老师和学生便乘坐大巴车从济南启程，向目的地进发。让胡老师与学生怎么也想不到的是，离国珍希望小学还很远的地方，就已经没有了柏油马路，眼前是一条极其狭窄的土路，大巴车根本开不进村，他们只好下车徒步而行。

一见到这所小学，胡老师和学生都惊呆了：教室里的设备极其陈旧，更没有暖气，有的孩子双手都冻肿生疮了。

历城二中的学生不约而同地跑到就近的药店，将店里所有的冻疮膏全部买下来，送给这所小学的孩子。

随后，他们挨个问这里的孩子还需要什么，并一一记下，以便回到济南，尽快购买这里的孩子需要的书包、文具、篮球、图书等，并邮寄过来。

然后，胡老师和学生分成几个分队，到各个贫困户家里走访。

走访之后又回到国珍希望小学，这时，学生们已是无限感慨涌上心头。这些长年累月生活在城市里的学生，做梦都想不到，现在竟然还有生活学习条件如此艰苦的学生！

午饭时间已到，为了不给学校添麻烦，胡老师和学生决定空腹返回。可国珍希望小学的校长盛情邀请胡老师和学生在学校里吃顿农家饭，也好让城里学生感受一下乡村生活。

盛情难却，他们只好听从国珍希望小学校长的安排。胡老师一再吩咐，一定要简之再简。国珍希望小学的校长说，即使想复杂，也不可能做到啊！

于是，一大锅白菜，加上从外边买来的一摞饼，就是当天的午餐了。

班长问胡老师："我们两个或三个人用一套一次性餐具行吗？"

"为什么？"胡老师不解。

班长说："即使是一套一次性餐具，不也是用钱买的吗？我们能给他们省一点钱就省一点吧！"

胡老师听后很是感动。

以前这些学生即使花上数百元甚至上千元买一双名牌运动鞋也毫不吝惜，现在却为了省上几元钱而两三个人用一套一次性餐具！

午饭之后，沂源县团委书记听闻历城二中的学生来到国珍希望小学，也赶来与胡老师进行交流。

他们交流完，从教学楼上走下来时，却不见一个学生的踪影。

让他们意想不到的是，班长正在带领学生开班会，讨论回去之后如何帮助这所小学的孩子。

胡老师发现，这次"爱心之旅"让很多学生懂得了节俭，更知道了以何种方式去帮助那些虽不认识但身处困境的孩子。

之后，胡老师和学生前往商河县韩庙镇振邦小学的"爱心之旅"同样让学生受到一次深刻的教育。

因为此前的"爱心之旅"让他们积累了一定的经验，所以这次出发前，他们便商量着制定了征集心愿、走访贫困户、捐钱捐物等流程。

他们走进一些贫困家庭的时候，又一次被震撼了。有一个贫困户家徒四壁，爷爷常年瘫痪卧床不起。他的孙女是天生的"兔唇"，见家里有人来，便很害羞地悄悄藏在墙角，不敢吭声。他的孙子年龄尚小，衣衫褴褛，看着也不是很精神。更让人伤心的是，两个孩子的妈妈因忍受不了家境过于贫寒弃家而去。为了养活家中老小，两个孩子的爸爸常年在外打工。年老体弱的奶奶只好承担起在家照料老伴和孙子孙女的责任。

从这一户人家走出来的时候，胡老师和学生的心情都极其沉重。在坐上大巴车返回历城二中的路上，有个学生对胡老师说，他准备春节前再来一次，他想给这一户人家送点年货，好让他们过个好年。

胡老师对这个学生说："你这样做不但会让他们过上一个好年，还会把爱心留在他们的心里。不过，你现在花的钱全来自父母，希望以后你学有所成且有了更好的条件后，能够不忘初心，帮助更多需要帮助的人。"

现在这个学生正在读大学，虽然还没有能力帮助更多的人，可从那次商河之行后，每年春节前夕，他都会和父母一起为那户穷苦人家送上年货和祝福。

我们虽然还不能断定这个学生大学毕业之后能否拥有更多的财富，但可以预想到他会在有了收入之后，更好地继续他的"爱心之旅"。

胡老师说，不管是学校还是班级开展的"爱心之旅"活动，现在都已经深入人心，参与爱心活动已经成了学生的一种心理需求。比如2020年放暑假前，学校准备于暑期搞一个志愿者服务活动。同时学校也有些担心，由于疫情，学生耽误了不少上课时间，很多学生需要利用暑假时间补课，而且有的家长可能担心孩子出现安全问题而不支持孩子参加这个活动。经再三考虑，学校认为活动是一定要搞的，于是和济南市志愿者协会商定，给历城二中提供1500个岗位，让学生从网上选取适合自己的岗位报名。让学校没想到的是，网上报名刚开通两个小时，不少家长便着急地打来电话说,已经一个岗位都没有了。

李新生校长认为,每个孩子甚至家长都有爱的"基因",而学校要做的就是将他们爱的"基因"激活。激活之后,"爱心之旅"就会遍地开花。比如2020年历城二中的学生在高二教学楼举办书画展,用现场拍卖书画作品的所有收入为敬老院的爷爷奶奶购买生活日用品,以表示对他们的慰问与关心。

"爱心之旅"活动不但在学生的心里播种下一颗颗真善美的种子,而且为被救助者送去了温暖与美好。如果有更多的学校像历城二中一样,那么就会有更多的"爱心之旅"。而当社会充满爱的时候,社会就会变得更加祥和与安宁。

多元评价:让每个学生都充满自信

学生各有爱好、特长,也都有成才的可能,只不过有的教师只观其学习成绩好坏,对学生在其他方面出类拔萃的表现视而不见。这种以学习成绩定优劣的做法,不但背离了孔子"因材施教"的教育思想,而且也有可能让某些学生丧失自信。

为了让每一名学生都获得较好的发展,李新生校长要求教师一视同仁地对待成绩、性格、智力等不尽相同的学生,挖掘每一名学生的潜能,发现每一名学生的闪光点,让他们拥有一个值得终身怀念的中学时光。为此,教师就不能以考试成绩的好坏论成败,而是要对学生进行多元评价,让每一名在历城二中读书的学生,都能获得被欣赏的幸福感,从而快乐、更好地成长。

班主任张海光在对学生进行多元评价方面，有着切身的体验与特殊的感悟。

为了让所有学生都能信心百倍地投入学习之中，张老师在自己班里对学生进行了优化组合，调动了大多数学生学习的积极性，从而让大多数学生取得了比较理想的考试成绩。可美中不足的是，依然有个别学生学习信心不足，成绩在下游徘徊。

他苦思冥想，寻求契机，以实现突破。

在学校举办的毽球比赛中，张老师找到了突破方法，眼里流露出喜悦的光芒。

毽球比赛是历城二中的特色活动，在一次全校毽球比赛中，负责毽球教学的教师将学生赛场上的精彩瞬间拍摄下来，并将照片发在学校微信公众号上。同时，这位教师还特意把其中两张照片发给了张老师，因为上面有他班里的两名学生在竞技场上叱咤风云的身姿。

仅看了一眼照片，张老师就被自己班上这两名学生矫健的身姿、迅敏的动作所震撼。他们将毽球踢得上下飞舞，眼中放射出自信的光芒。

张老师决定抓住这个难得的契机，重塑这两名学生在其他学生心中的形象。

随后的班会课上，张老师将这两张照片展示在全班学生面前，大家不约而同地热烈鼓掌，同时将羡慕与欣赏的目光一并投向了这两名学生。那种前所未有的自豪感也就在他们两个人心里油然而生。

然后，张老师又将照片分别发给这两名学生的家长，并告诉他们，他们的孩子在各个方面都很优秀，作为家长，他们应当为有如此优秀的孩子感到骄傲。于是，这两名学生不但在班里其他学生心中树起良好的形象，也让家长为之自豪。

张老师又将这两名学生专门叫到办公室，表扬他们为班级所做的贡献，希望他们继续发扬自己的特长。最后，张老师拍拍他们的肩膀鼓励道："老师坚信你们以后在各个方面都会变得越来越好！"

从此以后，这两名学生一走进教室，脸上就绽放出发自内心的喜悦，不但更喜欢踢毽球，而且课堂听讲与学习也渐入佳境。

张老师认为，教师绝对不能根据成绩好坏给学生贴上优等生和差生的标签，因为学习成绩优劣，只是其学习生活的一个方面，学生即使学习成绩不佳，在其他方面也未必没有可圈可点之处。比如有的学生虽成绩不好，也没有任何特长，但品行极佳，难道这样的学生就不优秀了吗？张老师的班里就有一名成绩欠佳的学生，可她的品行却让她的生命光彩耀人。每天放学后，她总要等同学离开教室后将教室里的灯一一关上，虽然最后一个离开教室，可她的脸上却总是洋溢着心满意足的微笑。还有的学生学习成绩一般，每次考试都没有进步，可看到老师抱着一大摞资料走向教室的时候，即使在很远的地方，也会快步跑来，不由分说地接过老师所抱的资料。

为此，教师就要有一双敏锐的眼睛，随时随地发现学生的闪光点，并时常对他们进行表扬和鼓励。这样一来，学生不但会更好地发展起来，还会因被欣赏而增强自信心；相应地，教师心中自然也会荡漾起幸福的涟漪。

以美育人：培养学生的艺术情操和优秀品格

历城二中的艺术教育独具风采，赢得了诸多参观者的高度赞扬，而历城二中的学生在全省很多比赛中屡屡斩获大奖，更让这所本已远近闻名的学校闪烁出耀眼的光芒。

那么，这所学校何以能将艺术教育做到如此高的水平，就成了人们好奇的一个问题。

一、让学生接受艺术教育

凡事都有源头，历城二中能有今天的成绩，还要从其发端说起。

那么，是不是李新生校长具有高超的艺术水平，对艺术爱之有加，从而"己所欲，而施于人"了呢？

非也。

李新生校长就读的小学、初中和高中都地处农村，学校里几乎没有专业的音乐教师，十余年来他所上的音乐课屈指可数，即使人们耳熟能详的歌曲，他也没有学会一首。

他升入大学后，看到那些从城市里来的同学挥笔可作画、屈指可弹琴、张口可唱歌的时候，略感自卑的同时又不免发出无限感慨。

这并非李新生校长对艺术毫无感知，而是从小没有受过这方面的教育与熏陶所致。所以，当时他就萌生了一个念头，自己如果有朝一日担任了学校的校长，一定要让学生不再重蹈自己的覆辙，一定要让他们在艺术的殿堂里得到艺术的滋养。

随着时光的流逝,这个念头非但没有在他的大脑里渐渐淡去,反而逐渐加深。

2001年,李新生梦想成真,上任历城二中的校长。

那个时候,历城二中破败不堪,教学质量低下,是济南市典型的薄弱学校。见到此情此景,李新生校长那个让学生接受艺术教育的念头更加强烈。当时的他对艺术教育的认识又升华到了一个更高的境界:艺术不仅可以提升审美情趣、陶冶情操,还是德育的一种极其有效的载体。因为所有优秀的艺术,不但有着独具匠心之妙,而且有对真善美的追求。

所以,他任校长后,在学校开齐开全艺术课程便成为必然。

2004年,李新生校长做出更大胆的决策,一次性购买了30多架钢琴,修建了独立的钢琴房,开设了钢琴必修课;2005年,他又修建了独立的小院作为陶艺馆,供学生上陶艺课使用。艺术教育与升学必考的其他学科一样成为必修科目,让学校充满了学生的欢声笑语。

自2018年搬进新校区后,历城二中又有了规模较大、配置先进的艺术楼、陶艺馆,以及近400名学生参加的国乐、舞蹈、合唱三大社团,一些艺术特长生和对艺术感兴趣的普通学生,开始流连忘返于高雅艺术的殿堂。

二、不拘一格降人才

2010年的一天,济南市历城区遥墙镇鸭旺口小学(现为济南市高新区稼轩小学)的音乐教师赵立秋突然接到李新生校长的电话,希望她能调来历城二中。因为李新生校长了解到,赵立秋老师在这个名不见经传的乡村小学一待就是整整十年,不仅平时全身心地投入工作之中,就连寒暑假也都自愿奉献给了学校。这所乡村小学没有舞蹈场地，赵老师只好带领学生在全是沙土的操场上练习舞蹈。几年之后，她恳请学校后勤部在操场上焊了一组纯手工打造的舞蹈把杆。为了率领学生参加全省舞蹈大赛，赵老师费尽了心思。学生没有像模像样的演出服，她就从鸭旺口的集市上买来一些大红大绿的花被面，又坐公交车从济南西市场买来一些花边，周末与母亲一起用缝纫机缝制演出服。尽管母女二人费尽全力，可她们缝制出的演出服呈现的效果依然不理想。即使这样，这群乡村学生亮相于全省舞蹈大赛的舞台时，还是产生了很大反响。这群乡村学生坚韧不拔的毅力、决不服输的精神让所有观众赞叹不已。由于赵老师久经风吹日晒，皮肤已变得黝黑，于是，就有记者以"乡村里飞出来一只黑凤凰"为题，对她的事迹进行报道。

其实，这只是赵老师在这所乡村小学奋战十年的一个片段，却足以显示出她的奋争精神。

李新生校长的亲自邀请，让赵老师感动良久。她说，2010年是她生命的一个新起点，她要报答李新生校长的知遇之恩，一定会把学生培养成既有艺术修养又有良好品格的人。于是，她开启了自己的又一段奋斗之旅。

当时赵老师的儿子只有三岁，不分昼夜的训练让她无暇照顾儿子，只好让儿子睡在舞蹈教室的凳子上，直到晚上学生训练结束回宿舍后，她才疲惫不堪地背着儿子回家。

她对舞蹈训练可谓是全身心地投入。有时正在吃饭，她突然想起一个舞蹈动作，就会放下碗筷旁若无人地比画起来，让家人也大吃一惊；有时正和同事交流，她突然灵感袭来，连"再见"都来不及说，就急匆匆匆地跑向舞蹈教室，让同事感到莫名其妙、一脸惊诧。

两年之内，在赵老师的拼命努力下，历城二中不但建立起了自己的舞蹈团，还一鼓作气拿下了山东省第四届艺术展演一等奖，并获得山东省综合性文艺大奖"泰山文艺奖"。

在舞蹈艺术之路上拼搏并取得显著成绩的同时，赵老师成立历城二中艺术团并担任团长，将国乐与合唱融合锻造出品牌。除了平日加紧训练外，赵老师在周六、周日和节假日期间也和学生同吃同住同训练。

观众往往只看到舞蹈演员优美的舞姿，却很少能在欣赏艺术之美的时候想到"梅花香自苦寒来"。赵老师说，一般孩子很难承受舞蹈训练之苦，所以，平时训练时如果教师不严格要求，他们一般很难苦尽甘来。她还说，必须严格要求学生，既要狠心，又要有爱心，不如此，学生很难在舞蹈上有所成就。所以，她允许学生在实在忍受不住身体之痛的时候流眼泪，可

◎ 2023年，原创舞蹈作品《黄河岸边芦花开》获全国中小学生艺术展演一等奖、全国优秀创作奖

绝对不允许学生知难而退，她要求学生必须咬着牙坚持下来。

舞蹈《梦荷》有 27 个版本的音乐，需要一遍遍修改，一遍遍记忆，一遍遍训练，休说学生，就是赵老师也濒临崩溃的边缘。她说，这是一个"崩溃—崛起—再崩溃—重生"的过程，也是一个挑战心理极限的过程。可她和学生都一一承受过来了，尤其当演出取得空前完美效果的时候，她和学生拥抱在一起喜极而泣。

2020 年赵老师身怀六甲，却依然陪着 300 多名学生在艺术楼参加集训。全省校长考察团来到历城二中，她这个准妈妈竟然一口气做了四个小时的报告，她的事迹与精神令在场的人赞叹不已。

即使在家休产假期间，她也心系艺术与学生，因放心不下学校里的学生，她只休息了 34 天，就提前回到学校，又开始了她那非同寻常的艺术之旅。周末和暑假集训的时候，她就带着几个月大的小女儿来到学校陪伴艺术团的师生们。

其实，赵老师在学校是被正式任命的小学部党支部书记和初中部工会主席，可她对外的身份却是艺术团团长。更有趣的是，这个团长没有任命书，是她自封的。因为在她看来，这个团长是她自己的一份荣耀，不管千辛万苦，她都能从艺术团团长这份工作中体味到无限的乐趣。有人说，她是为艺术而生的，不过，如果再深入探究一下就会发现，她也是为历城二中而生的，为锻造学生品质而生的。因为她心里有一个使命，那就是让学生提升审美情趣、拥有自信心、提升人格。

不过，在笔者与赵老师交谈的时候，她很谦虚地说，自己只是一名普普通通的教师，历城二中的美术、音乐等艺术教师，个个身怀绝技又品行高尚。

蔡元培先生说:"人的一生,不外乎意志的活动,而意志是盲目的,其所恃以为较近之观照者,是知识;所以供远照、旁照之用者,是感情……人人都有感情,而并非都有伟大而高尚的行为,这由于感情推动力的薄弱。要转弱而为强,转薄而为厚,有待于陶养。陶养的工具,为美的对象,陶养的作用,叫作美育。"

说得何其好啊!

美育能够给人的情感以抚慰,使人的心灵纯洁高尚。而美育的载体就是艺术,从这个意义上讲,历城二中的艺术教育在提升学生的审美趣味的同时,也在无形中升华人的精神境界。

科技创新:培养未来社会的栋梁之材

国家的强大需要更多的人才,科技是国家强盛之基,培养适应社会发展的新时代科技人才尤为重要。高中教育,不仅要培养品学兼优的学生,还要培养热爱科技且有科技研究潜力的人才。

历城二中的教师高月锋,在这方面做出了突出贡献。

他辅导的学生在全国、省、市、区各级各类科技竞赛中获奖870多人次,书写创意90多万份,其中申请专利4267项,所获奖牌、证书更是不计其数。他本人也获得9项国家专利,先后获得全国、省、市、区优秀科技辅导员称号120次。

获得如此多的成绩,不但需要超强的科技创新能力与极高的教学水平，也需要常人难以想象的付出。20多年来，高老师几乎没有休息过一天，几乎每天都工作至凌晨，每次科技大赛的前几天，彻夜不眠更是家常便饭。

高老师不但对科技创新爱之弥深，而且想用这种全身心投入的精神感召学生。事实上，不少学生都被高老师兢兢业业、蓬勃向上的精神感染，从而付出更大的努力，在强手如林的各类科技大赛中过关斩将，为学校赢得了一个又一个荣誉。

高老师经常对学生说："你们要想让青春无悔，就要通过自己辛苦的付出与百倍的努力，去攀登一个又一个科技创新的高峰，从而为我们国家的强大添砖加瓦。"

正因如此，高老师带的学生队伍，不只是在科技创新方面阔步前行的精锐之师，也是一个"不到长城非好汉"的极其坚毅的超强团队。

而高老师，既是这个团队的导师，也是这个团队的精神领袖。

◎ 历城二中科技馆

他认为，教师要注重培养学生自我学习、自我研究的能力，这样才能让学生获得持久的发展。所以，他在教学中不只是传授知识，让学生考上好学校，更重要的是让学生在获取更加丰富与前沿的科技知识的同时，尝试自己进行项目式研究、撰写研究报告等，从而拥有自主创新的能力。

高月锋老师在当今我国中学科技创新领域是一个出类拔萃的人物，2015年被聘为中华创新名师团首批讲师，2016年又被中国科学院老科学技术工作者协会聘为"未来科学家培养计划"科技与创新教育讲师。可是他从来不自恃其才，而是希望自己教的学生能超越自己，即使在某一方面有所超越，他都会对学生大加表扬，欣喜不已。他相信"吾爱吾师，吾更爱真理"的哲言，鼓励学生与他进行"唇枪舌剑"的"交锋"，与"吾师"一争高下，从而不断激发学生的创新、探索精神。在"交锋"中，学生偶尔占了上风的时候，他都会非常高兴，不吝溢美之词地对学生进行表扬与鼓励，从而再次激起学生在科技领域探索的欲望。

高老师认为，学生身上有着巨大的潜能，教师要做的就是将他们的潜能一点一点激发出来。

高老师说："我的学生张蓝天，创造性地运用初等数学的办法解决了一般运用高等数学才能解决的任意旋转体表面积的问题，并独辟蹊径地推导出了完全正确的过程，因其大胆求索的精神以及开阔的思维，受到了山东师范大学傅海伦教授的高度赞扬。中国科学院的科学家王宁寰教授和徐文耀教授也认为张蓝天同学的创新思维已经到了一个新高度。"这一刻，高老师脸上流露出自豪的笑容，韩愈的经典之言"弟子不必不如师，师不必贤于弟子"，在他这里闪耀出了熠熠的光芒。

还有一个例子，教师刘栋开发了魔方数学课程，让学生在玩中探索数学奥秘，进行自主式、契约式评价，为素养赋能。

可喜的是，这些学生进入大学之后，一如既往地在科技创新领域积极探索着。比如，李景然同学从历城二中考入济南大学计算机系后，对科技创新一直情有独钟，他在大学科技创新领域里崭露头角并小有名气。大学毕业后，他想继续从事科技创新领域的研究，于是便报考了相关专业的硕士研究生。遗憾的是，他落榜了。可他并没有因此而黯然神伤，他相信自己的能力，更不会由此改弦更张，另谋他路，而是更加坚定地走科技创新之路。

高老师说，长江后浪推前浪，世上新人赶旧人。他已经把全部心血献给了科技创新事业，并取得了一个又一个亮眼的成绩；他也坚信，他的一些学生一定会超越他，取得更加辉煌的成就。高老师认为，自己荣获的几十个国家、省、市、区荣誉称号并不重要，培养更多为我国科技发展做贡献的栋梁之材才是自己心之所系。

谈起高老师，李新生校长赞叹不已。他说，高老师不但是历城二中的一个品牌，而且是山东省乃至更大区域里的一个品牌。他为学校争光的同时，他对科技的热爱和持续探索的精神也感染了更多的学生，让学生在拼搏进取的过程中，有了投身科技创新事业、为国争光的雄心壮志。

结语

用如此大篇幅讲述一所学校的德育活动，在笔者 30 多年的写作生涯中尚属首次。尽管如此，笔者依然感到有挂一漏万的可能。数日走访得来的极其丰富的素材大都可以写入文本之中，甚至每一个被走访者的教学事迹都可以写成一篇数千字的通讯。可在这一篇文章里容不下如此多的内容，所以笔者不得不忍痛割爱。况且，很多没有被走访的教师也都有着不少经典的育人故事。所以，在结束此文的当下，笔者非但没有收笔成文的喜悦，反而有了忐忑不安的惭愧。

本文虽然对历城二中的立德树人之举进行了梳理，可对其同样有着非常丰富的德育内涵的家庭教育和体育等其他领域，囿于篇幅而极少提及，这无疑也是一个缺憾。

◎ 历城二中女足获得第 27 届世界中学生足球锦标赛冠军

尽管如此，广大读者还是可以从这篇文章中看到历城二中闪耀出来的德育光芒。当然，你如果想继续开采其更加丰富的"矿藏"，就要走进历城二中，不是走马观花，而是深入其中、脚踏实地地探究其中的奥妙。诚如是，你定会满载而归，让自己的精神世界得到极大的丰富。

让师生"诗意地栖居在大地上"
——重庆市万州第二高级中学"诗意文化"解读

19世纪德国浪漫主义诗人荷尔德林的诗句"诗意地栖居在大地上",后经海德格尔的哲学阐释,不但成了妇孺皆知的名言佳句,而且成了很多人的美好向往。重庆市万州第二高级中学(以下简称"万州二中")的"诗意文化",则让这一诗句从理想走向现实,同时延伸出了更加丰富的内涵。

选择"诗意文化"的必然原因

一所有品质的学校,一定有其精神之魂。万州二中这所有着80年悠久办学历史的巴渝名校,根在哪里,魂在何处?作为重庆市特级教师、骨干校长的学校党委书记、校长汪建德一直为此寻寻觅觅,即使"为伊消得人憔悴",也从来没有停止过探索的脚步。一天,当他凝望学校背靠的三峡历史文化名山太白岩时,"诗意文化"这四个字突然在他脑海中闪现出来,让他有种豁然开朗的感觉。

将"诗意文化"作为学校之魂，当然不是汪建德校长一时的心血来潮，而是有着必然的原因。

一、太白岩千古绝唱影响深远

自古以来，三峡以其独特的自然景观与一泻千里的凶险激流，吸引了众多的文人墨客。他们触景生情，留下了很多传世佳作。仅李白的"朝辞白帝彩云间，千里江陵一日还"这一千古绝唱，就足以让我们想到三峡的水急滩险与诗人的豪放胸怀。而万州正地处三峡入口，是从长江上游到三峡的必经之地。由于当时交通很不发达，水运成了唯一的交通方式。但凡乘舟过三峡者，绝对不能在夜间通行。所以，从长江上游来的商人、旅客、官员、文人等，必须留宿万州，次日白天再行。

于是，一些文人骚客或走进万州客栈或走到江边，开怀畅饮，吟诗作赋，从而留下千古绝唱。据汪建德校长讲，李白、杜甫、白居易、郑谷、苏轼、黄庭坚、陆游、杨慎、来知德、陶澍等一大批文人墨客都曾在此吟诗留迹。

万州二中背倚一座巍峨而秀美的名山，古称"西岩"。相传李白就曾在这里开怀畅饮，弈棋吟诗。一日，他在西岩与友人下棋的时候，一只五彩凤凰口衔金樽落于棋盘，大家惊讶不已。可李白却泰然自若地把金樽从凤凰的嘴里接过来抛向天空，随即骑上金凤凰腾云而去。于是，就有了流传至今的千古佳话："谪仙醉乘金凤去，大醉西岩一局棋。"从此之后，西岩便改名为"太白岩"。

这显然是一个近乎神话的传说，可是，李白来过万州并留下诗篇，却绝对不是妄语。

北宋著名文学家、书法家黄庭坚也来过万州，他是受当时万州太守之邀前来做客的。他惊叹于西山的自然美景，有感而发，写下了一篇文质兼美的散文《西山记》，并赠予太守，太守便把它刻在天然石上。清咸丰年间，万县知县冯卓怀将此碑拓片寄呈其师曾国藩，被曾国藩评为"海内存世，黄书第一"。原本不应称"碑"，因当地人习惯，故称之"西山碑"。后人为了保护它，修了一座碑亭，这就是著名的人文景点西山宋碑亭。

◎ 万州二中仿建的曲水流觞与西山宋碑亭

汪校长很自豪地对笔者说，万州是一个有文气、灵气和仙气的宝地，不仅古代有众多的文人墨客不远千里来到万州，而且现代的著名散文家、诗人、文学评论家何其芳，文艺理论家、美学家蒋孔阳等就出生在万州。"斯人已逝"，可万州二中的师生却依然可以通过他们留存的文本，聆听这些文学大师的吟唱，从而长久地让这些大师的文气在心中激荡，并"润物细无声"般地浸润心田。

身处文化圣地的万州二中在执着地寻觅学校之魂的时候,"诗意文化"也就自然而然地走进了他们的视野。

二、学校经长期积淀而生成的"诗意"气质

在太白岩的"诗意"、仙气的浸染下,万州二中渐渐呈现出"诗意"纷呈的万千景象。从学校领导到教师再到学生,热爱与诵读诗歌,早已成为一道亮丽的文化风景。之前,笔者在学校采访了老教师万久任。尽管他已年过八旬,可他的思维依然敏捷,说起万州二中的"诗意文化",他引经据典,滔滔不绝而又恰到好处,让笔者顿时对面前这位文学智者肃然起敬。

他说,虽然几十年前没有用"诗意文化"形容学校之魂,但那时的万州二中就已经是"诗意"满园了。教师,尤其是语文教师,如果不是饱读诗书者,是很难胜任教学工作的。

他特别赞同"熟读唐诗三百首,不会作诗也会吟"之说。而究竟如何"熟读",却又是大有讲究的。他是这样做的:从第一首一直背诵到第311首,先后顺序不乱且一字不错。他还发明了串读法,比如其中有李白的33首诗和杜甫的38首诗,按时间先后顺序串联起来,一气呵成地背诵下来。所以,当年学生上他的课时,不但为他如此了得的诗词功夫所折服,而且还会收获一种高级享受的审美快感;学生不但因此爱上了语文,还都考出了很好的成绩。他认为,要让学生爱上语文,教师就要有深厚的文化底蕴,尤其要背诵大量的古诗文。

万州二中正是有了这样一批爱诗、诵诗以至写诗的教师,才形成充满"诗意"的学校氛围。

据学校纪委书记胡勇讲，2002年，语文教研组组长李辉满就带领全组教师开设了古代诗词鉴赏选修课。近20年来，整个语文组坚持不懈地研究与践行着"诗意文化"。

即使非语文学科的一些教师，也对诗歌产生了浓厚的兴趣，以至在其日常生活中都有着"诗意"般的洒脱与优雅。

如果与学校的领导或教师交谈一下，你就会发现，他们身上都散发着"诗意文化"的气息。他们希望学生努力学习，但不倡导"白+黑""5+2"地拼命死学，而是要求他们的学习与生活要像古代韵律诗那样富有节奏。因为"一张一弛"不但是"文武之道"，也是"诗意"的一种呈现方式，学生只有在一种自由快乐的"诗意"状态下学习与生活，才能抵达高效学习的殿堂，并在这个过程中享受学习带来的成就感。

当"诗意"在校园里游荡的时候，学校不但有了文化，有了生机与活力，而且也有了持续发展的动力。从这个角度来讲，万州二中选择"诗意文化"作为学校之魂，不但让学生在充满"诗意"的氛围中轻松学习，而且这种"诗意"还会充盈学生的整个生命过程，从而让他们拥有一个美好幸福的未来。

构建"诗意文化"的理念体系

万州二中的"诗意文化"，是希望师生通过诗歌等文学载体，以文"化"人，获得心灵的解放与自由，寻找到一个具有文化品位与审美追求的精神家园，从而"诗意地栖居在大地上"。同时，这里所说的"诗意"又是开放的，它不只局限于诗歌这一个领域。从学校管理到学生日常生活，都会因为有"诗意"的荡漾，而焕发出别样的精神气象。它不仅有益于学生当下的成长与发展，而且也能为学生未来的发展打下良好的基础。考虑到高中时期这一特定的发展阶段，学校才确定了"为诗意人生奠基"的办学理念。

在这个理念的基础上，"育诗意少年，办中华名校"的办学目标也就相应产生了。因为没有少年时期的"诗意"奠基，就不可能有未来的"诗意"人生。不过，少年时期又是价值观尚未定型的阶段，因此学校就要"得天下英才而教育之"，让他们"诗意"沛然，生机勃发，既积极地提升自身的素养和精神境界，又努力地学习优质的文化知识。有了这样的"诗意"青春，学生才能积蓄下生命的能量，让整个生命都洋溢着"诗意"与活力。

这需要学生自身不懈的努力，更需要教师循循善诱的教导。因此，实现这一目标还需要一批德才兼备的"诗意"教师。而万州二中正好拥有这样一支教师队伍，其中不但有诗歌爱好者，而且有会用"诗意"育英才者。众所周知，多年来，万州二中一直保持着高升学率，每年都有一些优秀学生考入清华大学、北京大学等名校。可是，这些学生不是靠"满堂灌"的教学方式和"白+黑"的学习方式脱颖而出的。在万州二中，教师在课堂上为学生创设一个放飞心灵的自由场域，甚至鼓励他们要有"当仁不让"的大胆质疑精神。正是这种放大了的"诗意"课堂，让学生在努力向上而又心理放松的状态下，有了更好的考试成绩，特别是有了"诗意"的生命状态。这些"诗意"教师和"诗意"少年既以学校为荣，又为学校争得了荣誉，使学校有了越来越高的知名度和美誉度。

与办学目标一样闪耀出精神光芒的是育人目标——"平民本色，精英气质，民族情怀，国际视野"。

平民不等于平庸，相反，保持平民本色，又奋发有为，不但可以摆脱平庸，还能形成精英气质。这种气质不是生来就有的，而是通过不懈的努力，克服生命中的种种磨难才能具备的，正如孟子所言"人皆可以为尧舜"。

毋庸讳言，万州二中的有些学生已经实现生命的自我超越，不少学生考进了名牌大学，毕业之后成为国家的有用之才，有的还走出国门。一个人飞得越高，走得越远，越不能失其赤子之心，越应当有民族情怀与爱国之心。万州二中不但是一所充满"诗意"的学校，也是一个培养有民族情怀与爱国之心之士的精神家园。古往今来，很多杰出的诗人都是爱国之士，他们即使在穷困潦倒、走投无路的时候，也始终关心国家命运，心中满含爱国之情。而平时教师的"诗意"教学，则有意识地引导学生学习这些诗人崇高的理想和坚忍不拔的意志，感悟他们的家国情怀。

拥有民族情怀，并非盲目地排外，相反，应当具有国际视野，胸怀世界。因为这一代的学生是要面向世界的。这就需要学生做到，不管是在国内工作，还是在海外打拼，都要在不忘自己是一个中国人的同时，思考如何让中国更好地走向世界，让世界更需要中国，而且要知行合一，终生为之努力。

汪校长说，这是一个高远的目标，但也并非不可企及的殿堂。

要想抵达这一宏伟的殿堂，就要"正心修身，立己达人"，于是，这八个字就成了彰显万州二中精神文化核心要素的校训。

《大学》有言："自天子以至于庶人，壹是皆以修身为本。"因为"身修而后家齐，家齐而后国治，国治而后天下平"。不过，"欲修其身者"，则要"先正其心"。看来，正心与修身密切相连，缺一不可。一个人没有正心、修身，即使才高八斗，也不可能成为对社会有用的人。

而作为孔子忠道精神的"立己达人"，则意在正心、修身，学有所成之后还要走向"达人"的崇高境界。也就是说，在自己"诗意地栖居在大地上"且大有成就的时候，还要成就与惠及他人。有了这种胸怀与行动，学生的"诗意"才能折射出灿烂的光芒。

打造"诗意文化"的校园环境

要想让"诗意文化"浸润师生的心田，无疑需要相应载体的支撑，而洋溢着"诗意"的校园环境，则可以"于无声处"陶冶师生的情操。近年来，万州二中建设的太白诗林等，无疑让"诗意"有了物质载体。

走进太白文化广场，我们仿佛穿越了时空，走进了大唐盛世，走进了李白那飘荡着仙气的"诗意"殿堂。

广场旁边的太白诗林，不但有飘逸洒脱的李白雕像，而且雕刻着20多首李白著名的诗篇。课外时间，常有学生聚精会神地一边看一边低声吟诵这些诗篇。有的学生说："每当这个时候，李白当年在太白岩饮酒赋诗的景象就会浮现在眼前，让我们对这位旷世奇才生出'高山仰止，景行行止。虽不能至，然心向往之'的感慨。"

◎ 太白诗林

而校园仿建的"古万州八景"之一的"流杯池",同样让学生叹为观止、流连忘返。他们有时一边低声诵读着《西山记》这一集记事、写景、抒情于一体的散文佳作,一边用手轻轻抚摸着被曾国藩誉为"海内存世,黄书第一"的行楷碑文,于是,无限敬仰之情在学生心中回荡,学生情不自禁地"见贤思齐",产生了浓厚的学习兴趣。

"诗意文化"景观雕塑群在校园环道两侧依次展开,步入其中,群贤毕至、圣者云集的感觉便会油然而生。如果逐一细观屈原、陶渊明、杜甫、白居易、苏轼、陆游、范成大等名家大师的雕像,便更觉穿越千年、如见其人。他们在峡区为官作吏或旅居漫游时所写的诗篇有4000多首,万州二中从中撷取精华,刻印于雕塑群中,让学生在观仰这些风流人物雕像的同时,也徜徉在他们留存的经典诗文的意境里。

分管德育的副校长刘卫华对笔者说,学校构建的这些环境文化富有"诗意",同时还是学校实施德育的有效载体。因为这些大诗人的作品可以让学生"披文入情"地去感知诗人伟岸的人格与崇高的精神,而且在学生吟诵过程中，诗人们的思想便悄然流进了学生的心田。

实施"诗意文化"的活动课程

孔子云："诗，可以兴，可以观，可以群，可以怨；迩之事父，远之事君。"可见，诗在正己、修身、立德、树人、治国、安邦方面发挥着重要作用。

但是，如何让"诗意文化"在校园落地生根、开花结果呢？最关键的是将"诗意文化"融入学校课程建设之中，"春风化雨，润物无声"般让师生将"诗意文化"内化于心，外显于行。为此，万州二中因地制宜，整体规划，着力构建"风雅意韵"四位一体的"诗意文化"课程体系。

据汪校长介绍，所谓"风雅意韵"，其中"风"即"三风"活动课程体系，以系列活动为抓手，大兴"吟咏之风、品鉴之风、临创之风"，培养师生的"诗意"风范；"雅"即"2448"雅居景观课程体系，着力打造两大文化广场、四大文化群落、四大诗名道路、八大主体楼宇，让校园成为"诗意涌动、人文淳朴"的"世外桃源"；"意"即"五意"课程目标体系，建设"诗意"校园、营造"诗意"班级、打造"诗意"课堂、培养"诗意"少年、锻造"诗意"教师；"韵"即"四韵"（华夏诗韵、巴渝画韵、三峡文韵、平湖琴韵）校本选修课程体系，以"四韵"校本选修课程为载体，积极开发三峡乡土文学、经典诗词鉴赏、经典诗词书画临创、诗意作文四大类"诗意文化"精品课程，让学生陶醉于诗韵书香中。

让师生"诗意地栖居在大地上"
——重庆市万州第二高级中学"诗意文化"解读

的确，万州二中大力开发"诗意文化"课程体系，不但可以弥补国家课程的不足，而且能够更好地满足地方和学校差异性的需要，更有利于促进学生个性化发展，为他们的"诗意"人生奠基。

每个学校都会开展各种各样的活动，万州二中也不例外。万州二中开展的是"诗意文化"课程体系下的"三风"活动，这些活动独具个性，开展得有声有色。

每天早晨雷打不动的"一日一诵"活动，给学生带来的收获之大是常人难以想象的。少年时期是一个人记忆的黄金时段，虽然这个活动每天只有短短五分钟时间，但足以让学生熟读一首诗词，甚至记诵在心，并对诗词大意有所了解。通过日积月累，学生在校六年时间，便可背诵古诗 300 首，熟读古诗 1000 首以上。学生诵读的古诗都是教师精心挑选出来的经典之作，不但摇曳着诗人智慧的光华，而且有意境美和韵律美。学生在"一日一诵"活动中，不但逐渐提高了写作水平，而且提升了精神境界。

诗歌创作大赛、校园诗词大赛、诗歌朗诵比赛则是万州二中的另一道风景。一些有了一定诗词诵读"功夫"的学生，在欣赏诗人佳作的同时，也产生了创作的欲望。于是，学校不失时机地举办了一系列的诗词创作大赛，让这些跃跃欲试的学子有了挥洒才思的平台。

令人欣喜的是，这些初出茅庐而又勇气可嘉的学生创作的诗作，有的已具备极高的艺术性和审美价值，甚至让教师不禁生出"后生可畏，焉知来者之不如今也"的感叹。

其实，学生的潜力之大，有的时候远远超出大人的想象。学校要做的就是给学生提供一个相应的舞台，让他们的潜力得到充分的释放。

周一升旗仪式时进行的班级诗教文化展示活动，也让学生"八仙过海，各显神通"。为了让自己的班级在展示活动中取胜，学生彼此之间的精诚团结精神以及为班争光的意识愈发突显。这在无形中培养了学生的班级集体荣誉感。

一系列的校内"诗意文化"活动开展得如火如荼的时候，万州二中又为学生搭建了校外活动平台。

据汪校长讲，学校与万州区文学艺术界联合会、何其芳研究会、三峡诗社等文化机构商谈，合作建立校外辅导研学基地，与这些机构签订协议并予以授牌，定期组织学生到与"诗意文化"有关的单位或地方参观交流，邀请诗人、作家来学校开设讲座等。同时，学校在校内成立诗社、长风文学社，创办《三峡校园报》，开办校园电视台和微信公众号，为学生发表诗作或其他文学作品提供平台，学生作诗写文的积极性也越来越高。

汪校长还说，万州是一个人杰地灵的地方，诗人何其芳就出生在此地。说不定多年以后，万州二中也能有一个甚至若干个学生成为著名诗人呢！是的，学校不应当只是为了升学考试而让学生一心只读教科书，还应当让学生有一个激情澎湃的青春，从而拥有一个终生难忘的"诗意"学生时代。

笔者采访副校长刘卫华时，刘卫华副校长还很自豪地向笔者讲述了生命教育、生活教育、生涯教育、生态教育等活动。这些烙印着德育特色的活动，也无不"诗意"盎然。比如，学校举行环湖拉练活动、瞻仰九五纪念碑和抗日阵亡将士纪念碑活动、参观三峡移民纪念馆等。在这些活动中，学生不但锻炼了身体、锤炼了意志，还常常在参加活动的过程中吟诗作赋，同时也让爱国主义教育落地生根。

在学校开展活动的同时，有的教师也根据各个班级学生的情况，开展了体现某个教师个性的活动。网名为"诗意人生"的张燕老师在他所教班级开展的以诗歌记录学校生活的"青春记忆册"活动，便激起了学生写诗的兴趣。

当学生在诗歌的河流里欢快地畅游的时候，一般学生认为的"写作难"也不再成为问题。因为有了一定的诗歌写作基础，加之每天进行大量的阅读积累，学生写作就不会再无感而发、无物无事可写，甚至有可能出现"登山则情满于山，观海则意溢于海"的局面，以至能写出文字流畅而又不失生活的真谛的作文。

这项活动要求每个学生都要为自己的"青春记忆册"起一个有诗意的名字，张老师则会为每一个学生在诗集扉页上写一篇序言。

为了能让张老师读到自己更好的诗作，每个学生不但精心创作，而且写诗的欲望也与日俱增。而要想把诗写好，学生就要阅读更多、更好的诗歌。读写并进，学生的"青春记忆册"就有了更加优美的语言与丰富的内容。

张老师又让学生之间彼此交换"青春记忆册"，于是，每个学生都有了欣赏他人诗作的机会。

萧伯纳说："你有一个苹果，我有一个苹果，交换之后，还是一人一个苹果。但是你有一个思想，我有一个思想，交换之后，我们每人就都有两个思想。"

何止有了"两个思想",这个班级的每一个学生都拥有了很多个"思想"。这样一来,全班学生的写诗水平就会越来越高。

演绎"诗意文化"的精彩课堂

《诗经》被列为五经之首,足见中国古代教学对诗歌的重视程度。而万州二中的课堂,无疑成了教师,尤其是语文教师演绎"诗意文化"的主要阵地。

为了让教师在课堂教学中融入更多"诗意文化"的元素,学校倡导教师诵读诗歌,亲近经典,从而让自己"腹有诗书气自华"。正是在这种"诗意文化"的大环境下,一些教师越来越喜欢诗歌,有的还可以即兴赋诗,所赋之诗不乏佳作,赢得了学生的赞赏。

◎《诗经》

谭江驰是高三理科班的一位语文教师，上课时不但自己吟诵诗歌，而且让学生通过诵读去品味诗歌的意境与妙趣。有时灵感突然降临，谭老师还会仿照所诵古诗，即兴作诗一首，让学生不由得拍案叫绝，这也在无形中激发了学生写诗的冲动。

也许有人会提出疑问，在高三理科班课堂上吟诵诗歌，会不会影响学生的考试成绩？

事实上，这种做法非但没有影响学生的考试成绩，反而使学生的考试成绩一直居优。

对此，分管高三年级的副校长周易给出了一个合乎情理的答案。他说，学习成绩的优劣，与学生平时的情绪状态有着直接的联系。一个死气沉沉、情绪低落的学生，即使加班加点地学习，考试成绩也未必持续上升。相反，一个富有"诗意"、朝气蓬勃的学生，即使比一般学生少学了一点课本知识，考试成绩也往往名列前茅。因为学习时间的多少虽然与考试成绩有一定的关系，但起决定性作用的不是学习时间，而是学习效率。处在情绪愉悦与精神亢奋状态下的学生，多能步入高效学习的殿堂。笔者采访过一些成绩卓越的高中生，他们不但不死学苦读，反而爱好广泛、博览群书。从这个意义上说，"诗意文化"非但不会影响学生的考试成绩，反而会让学生抵达高效学习的境界，从而取得良好的成绩。更重要的是，高中课堂上的"诗意文化"，不仅培养学生的"诗意"情趣，还会向未来延伸，让学生拥有一个丰沛的"诗意"人生。

笔者前面写到的张燕老师，不但将"诗意文化"融入课堂教学中，而且还向课前与课后进行了延伸，让学生有更多的时间接触和了解诗歌。

如果张燕老师哪一天没有在黑板上写上一首或几首诗，不在讲解课文知识时信手拈来几句经典诗句，不但学生会感到莫名其妙，他自己也会觉得少了很多应有的课堂情趣。

张燕老师结合课文内容吟诵的诗歌，绝对不是硬加进去的。他说这是临时生成的一种教学智慧，能让课堂瞬间闪耀出一道奇异的亮光。如果没有"海量"的诗歌积累，这些妙言佳句就不可能脱口而出。而每逢此时，张燕老师心中便情不自禁地升腾起一种特殊的审美愉悦感，而学生也不由自主地走进了"好之者不如乐之者"的境界。

这种无处不在的"诗意"教学，即使在毕业班的复习课上也可以演绎出万千风景，并于无形中激发出学生巨大的学习兴趣，使其感受到荡漾着"诗意"的课堂的无限美好。

囿于篇幅，笔者不能将受访教师的课堂教学景观一一呈现出来，可是，通过这两位教师，读者便可以窥斑见豹，看见万州二中课堂上更加丰满的"诗意文化"景象。

笔者采访副校长周易的时间虽然不长，但他带给笔者的惊喜却很大。他认为，课堂不应当只在教室之中，而教师也应当有一个大课堂观。比如教学《兰亭集序》的时候，教师就可以把学生带到流杯池，在王羲之的雕像前，抚摸着被称为"天下第一行书"的字迹进行教学。在教学李白的《梦游天姥吟留别》的时候，教师就可以带领学生走到太白诗林，瞻仰着这一伟大诗仙的形象，去领略他"安能摧眉折腰事权贵，使我不得开心颜"的傲骨与豪放之情。在教学课本上其他著名诗人诗作的时候，教师也可以带领学生走进学校里有该诗人雕塑与诗篇的地方，充分利用学校这些具有"诗意文化"的场地，生成一个个充满"诗意"的课堂。他说，教师甚至可以带学生走到太白岩，开设一个更大的课堂。

想想当年孔子的课堂教学，既有在杏坛这个固定"教室"的课堂，又有一个流动的教学系统。即使在周游列国的14年中，孔子也一直在进行着教学工作，很多不同国度的不同场所都成了孔子的"教室"。这种大教室观、大课堂观，对万州二中的"诗意"课堂不也是一个很好的启示吗？

追求"诗意文化"的人本管理

有人也许会说，开设"诗意文化"的精彩课堂当在情理之中，可在管理上如果再讲"诗意文化"就毫无道理了，因为管理需要制度的刚性约束，它与"诗意"风马牛不相及。

可在采访学校纪委书记胡勇的时候，笔者却感到"诗意"不但与管理相关，而且还是凝聚人心的重要法宝之一。

当然，这里所说的"诗意"，并不是说在管理的时候也吟诵诗歌，而是一种富有"诗意"的民主与开放的管理理念与方略。

笔者初见汪校长时，感觉他没有一点当官者的"架子"，如果不是有人介绍，笔者一定认为他仅是一位文质彬彬的语文教师。他温厚而又文雅地笑着，像学生一样倾听笔者的提问，回答的时候也是不急不缓，条理清晰。其实，这只是他给笔者留下的第一印象，而在与其深入交流后，笔者才如拨云见日一般看到了他那挥之不去的人本思想的光华。

一、教师上下班没有考勤

在万州二中这所学校里，教师上下班不进行考勤，如此放羊式的管理，能否让这些有着自由思想的知识分子遵守上下班的时间规定呢？

汪校长认为，有些教师工作可以通过时间或数据进行考察，有些则需要良知的天平去衡量。前者可以通过学校的制度来管理，而在后者面前，学校的制度则显得软弱无力。比如，有些教师不但在学校里备课，而且回到家里依然努力备课，他们爱生如子，却一直将这种情感藏在心底，这些都是无法用数据衡量的。正是基于这样一种思考，即使某位教师上完课之后随即离校回家，学校领导也不会做任何干预。

汪校长说，教师对学生是真爱还是假爱，教学水平是好还是不好，谁看得最清楚？不是学校领导，而是他们教的学生。因此，学校启动了学生评教议教的管理系统，而且学生评价的结果直接与教师职称评定等挂钩。人们常说的以学生为本，万州二中就用这种充满"诗意"的形式展示出来了。正是因为给予学生评教的权利，教师才更加关注学生的需求，也更加努力备课，从而成为受学生爱戴的教师。于是，师生关系融洽了，教师的教学水平与学生的学习效率也有了水涨船高之势。有人说，万州二中的管理方式是一首没有文字的诗歌，是在师生的心里幸福回荡的人文之诗。

二、领导"怕"教师

笔者采访办公室主任何宇的时候，他谈到学校领导"怕"教师的话题。

大家知道，古往今来的很多大诗人，不但诗写得精彩绝伦，而且敢于大胆发言，甚至蔑视权贵。因为他们的心灵是自由的，同时也是高贵的。

拥有自由而高贵的心灵的人，敢于表达自己的见解，即使被批评，也毫无恐惧之心。

有人说，万州二中的不少教师都是"诗人"，他们对学校领导提意见的时候一点也不顾及情面。

据何宇讲，万州二中校本部现有三个校门，以前只开了两个。当时就有教师提出意见，应该把未开的东门打开，不然，有的教师和学生从其他校门出去就要绕道而行，十分不便。于是，领导就"顺应民意"，打开东门，从而方便了师生的出入。

鹏程楼两边原来各有一棵很高的树，后来其中一棵枯死了。怎么办呢？学校领导班子讨论后形成三种方案：一是从别的地方移植一棵与枯死的那棵相似的树栽上；二是既然其中一棵死了，没有了对称之美，干脆把另一棵移至别处；三是不费那么多周折，随便移来一棵或高或低的树栽上。

为此，学校专门召开教职工大会，将三个方案公之于众，让大家讨论并投票。讨论之后，绝大多数教师对第一个方案投了赞成票。于是，领导就听取大家的意见实施了第一个方案，也就有了今天我们看到的两棵对称相伴的大树。

也许有人会说，区区小事，何必如此大动干戈？

可正是从这件小事之中，我们看到了学校领导的民主意识，以及教师的主人公精神，而两者的和谐不正是一种美妙的"诗意"吗？

三、主动解决年轻教师的难题

万州二中的教师平均年龄只有 30 多岁，刚结婚生子的年轻教师在高兴之余，也有了难解的"方程"。这些年轻教师大多承担着重要的教学工作，下午下课回家较晚，有的还要承担照看学生上晚自习的任务，因而无暇照管自己的孩子。

汪校长便急年轻教师之所急，专门搞了一个托儿所，安排教师负责学校年轻教师的孩子的生活与学习等。目前，这个托儿所里有着各式各样的儿童玩具，图书室里配有适合儿童阅读的各类图书。学校在解决了年轻教师的后顾之忧的同时，也让他们有一种家的归属感。

"爱出者爱返"，当学校心系教师的时候，教师也会心系着学校。当心灵自由、和谐的时候，"诗意"也就自然在学校里荡漾开来。

其实，万州二中"诗意文化"管理并非只有以上三个方面，而是全方位的，堪称无处不在。比如后勤管理中，如何让厕所也拥有"诗意"呢？这当然不是让打扫厕所者一边工作一边吟诗，而是让厕所环境充满"诗意"，比如放几盆鲜花，在墙上张贴一些温馨浪漫的提示用语或者著名诗人的诗歌等。

在返程去万州北高铁站的路上，笔者与付绍文老师谈及这些"诗意"管理的时候，他微微一笑，说："诗意有的时候可以言说，有的时候则是'欲辨已忘言'的。"我请他讲讲其中的奥妙，他又微微一笑，说："有了自由、开放、愉悦而幸福的心灵，不就有了'诗意'吗？"

他的话让笔者豁然开朗，是的，"诗意文化"有不同的表现形态，而心灵才是感受"诗意"的核心所在。

精神铸就名校品牌
——河北衡水中学"九大精神"解读

2002年9月21日,《中国教育报》头版头条刊发了"素质教育更能提高'升学率'——河北衡水中学积极探索全面提高学生素质之路"一文,同时配发短评"下大力气转变教育观念",并以专题形式连续四天用四个整版篇幅,介绍了河北衡水中学(以下简称"衡水中学")开展素质教育的详细做法。很快,衡水中学在全国中学界甚至更大范围内引起了强烈反响。

可谁能想到,这所响当当的学校在十年前还处于低谷中,几乎到了无力回天的地步。而临危受命的新一届领导班子带领全校教师,十年磨一剑,让衡水中学凤凰涅槃、浴火重生,创造了让人难以想象的辉煌。

此后,衡水中学的高考升学率,尤其是升入清华大学和北京大学的学生数连年攀升,让这所学校的名声愈来愈大。可是,质疑的声音也随之而来,甚至有人指责衡水中学是应试教育的"高考加工厂"。于是,在很多场合和不同媒体上,批判和声讨衡水中学者逐渐多了起来。与此同时,前往衡水中学参观学习者也与日俱增,赞扬的声音纷纷以不同的形态呈现出来，尤其是网络上登载的学而有得的文章，更是不计其数。

2019年5月21日，华为技术有限公司（以下简称"华为"）主要创始人兼总裁任正非在接受中央电视台《面对面》节目采访时突然发声，提出"要向衡水中学学习"，对衡水中学予以充分肯定，并说"公司的战略预备队都在学习衡水中学的精神"。此后短短几个月时间里，这位中国IT界的领军人物，先后五次提到衡水中学，并派公司人员前往衡水中学学习。

任正非对衡水中学的赞扬，让更多的人走进衡水中学，探索其取得如此优异成绩的内在原因，而原来喧嚣不止的质疑声也越来越少。

虽然之前写过一些文章对衡水中学进行过报道，但笔者感到有必要再去一次衡水中学，继续挖掘其不断创造辉煌的内在原因。于是，笔者对时任校长郗会锁及相关人员进行了深入采访。

在采访中，笔者深刻感受到，郗会锁谈的"九大精神"，从本质上揭示了衡水中学持续发展的深层原因。

笔者将采访内容加以整理并予以解读，供意欲学习衡水中学的学校领导及教师阅读和分析，从而"择其善者而从之"。

胸怀家国、志在天下的理想信念和情怀——人文精神

人文精神，简而言之就是"以人为本"，这几个字说起来简单，可真正做起来却不容易。

当前，高中教育存在一个很严重的问题，考大学似乎成了高中生的

主要目标甚至最终目标，有的学校也锁定这个目标而别无他求。如此急功近利，势必导致"欲速，则不达；见小利，则大事不成"，以致学生考上大学之后，思想涣散、学习松懈，甚至以玩为乐，即使大学毕业，也胸无大志，难有成就。

那么，如何解决这个问题呢？

郗会锁认为，立德树人是教育的根本任务，而人文精神则是教育的灵魂，失去人文精神的滋养，教育就会失去灵魂。高中阶段是一个人世界观、人生观、价值观形成的关键时期，对于高中生来讲，高中教育不仅要让他们拥有知识与能力，更要培养他们胸怀家国的人文精神。人文精神是学生生命成长之本，本立才能道生。

衡水中学人文教育理念的重中之重是要培养学生的家国情怀与爱国精神。

在衡水中学的开学典礼上，郗会锁说了这样一段话："家是最小国，国是最大家，家是国的基础，国是家的延伸。作为一名中国人，我们首先要有一颗'中国心'，要把爱国当成一种信仰，熔铸到自身的血液里。今天，你们走进衡水中学，要上的第一课就是：为什么要热爱我们的祖国？"

郗会锁是这样说的，也是这样做的，和该校历届校长一样，紧紧抓住爱国主义教育不放松。他担任校长之后，学校对学生进行的爱国主义教育又迈上了一个新的台阶。学校不但组织师生到井冈山、西柏坡、红旗渠等爱国主义教育基地进行研学，还开展了国家公祭日、国家宪法日、烈士纪念日等系列主题教育活动。于是，学生在潜移默化中接受爱国主义教育，努力学习就不再只是为了考上理想的大学，而是为了感恩先烈、报效祖国。这样一来，学生在考入大学和走向社会后，依然会永葆昂扬的斗志，持之以恒地奋斗下去。

也许有人会说，高中学校最重要的任务是让学生好好学习，多学知识，考上好大学，爱国主义教育到了大学再做也不晚。

对此，郗会锁这样回应：高中时期是一个人最容易产生激情和梦想的时期，在这个时期，没有什么能比增强爱国意识更能激发学生的学习兴趣。当他们为了国家、为了民族而学习的时候，当他们的目标变得宏伟、远大的时候，当他们的内心一片赤诚的时候，他们努力学习的态势就会变得高昂而持久。而如果学生错失接受爱国主义教育的这一最佳契机，将来即使是亡羊补牢，效果也定是微乎其微。

郗会锁还非常感慨地说，对高中学生进行爱国主义教育，机不可失，时不再来。当学生有了强烈的爱国意识的时候，其体内积蓄的巨大的生命能量就会爆发出来，从而大大提升学习效率，他们不但不会由此少学知识，反而学得更多，学习成绩也会更好。衡水中学连年取得骄人的高考成绩，从根本上说，不是学生加班加点拼出来的，而是学生因接受爱国主义教育而拥有的巨大且正确的内驱力催生出来的。

衡水中学对学生的人文精神的培育，并非机械而刻板的，而是因时、因地制宜的。比如由于疫情无法正常开学的那段时间，郗会锁提出并策划了一场"云升旗"仪式，该校的所有师生、部分学生家长和社会人士共两万余人参加了这一仪式。

郗会锁在"国旗下讲话"中指出："我们不幸突遇疫情，但我们又何其有幸生活在这样一个伟大的国家，拥有这样勇敢顽强的同胞。毫无疑问，这场疫情过后，我们中国人民将更加团结，我们国家将拥有更加强大的综合国力。"

这次升旗仪式一经发布，立即引起媒体和社会的广泛关注，郗会锁的"国旗下讲话"火爆全网，一举登上了微博热搜榜，话题阅读量超过两亿。

网友"纷纷扬扬的雪"留言道："这是非常了不起的教育！不仅激发了学生学习的热情，更让学生认识到他们要肩负的家国责任。只有这样的教育，才能培养出具有民族精神的栋梁之材！"

"有匪君子，如切如磋，如琢如磨。"教育学生也是这样。当一所学校、一个校长，持续不断地锻造学生精神品质的时候，学生因此锻造出的爱国情怀和人文精神定会在其人生道路上散发出璀璨的光芒。

敢于争先、必争第一的超强要求和霸气——争先精神

如果只从外表看郗会锁，你一定认为他是文质彬彬的一介书生。可是，当你真正走进他的内心世界时，你就会发现，他文弱的外表下却有着一颗极其强大的心。尤其是说到"敢于争先、必争第一的超强要求和霸气——争先精神"的时候，他声音大气磅礴、铿锵有力，眼里也闪烁出极其坚定的光芒。

孟子说"人皆可以为尧舜"，他对这个观点十分赞同。一般人都认为，尧、舜乃是大德大贤的天子，普通人永远不可能望其项背，所以，普通

人即使只是在团队中做出较大成绩，也足以令人自豪和骄傲了。

可郗会锁认为，人的潜力之大是难以想象的，即使那些如雷贯耳的名师与高考名列第一的学霸，其潜能也只不过是被挖掘出了一部分而已。因此，激活广大师生被埋藏的潜能，让他们的生命焕发出奇异的光芒，就成了郗会锁的办学理念之一。

凡事必须做到最佳，已经成为"衡中人"的一个铁律。他们不管干什么，都有一种逢难必上、逢冠必争的精神。

郗会锁欣喜地说，衡水中学的这种精神与"华为精神"不谋而合。

他在华为考察的时候，发现华为每个人身上无不闪耀出这种志在必得的精神气象。据华为的工作人员讲，华为的目标是成为世界第一，如果做到第二，华为可能就很难生存下去。

郗会锁说，争先是一种追求、一种志气、一种精神。20世纪90年代，衡水中学处于卑微弱小、生源外流的局面。面对这一现状，领导班子带领教师严肃纪律、狠抓管理、外出学习……几年之后，衡水中学在各个方面都达到了全市领先的水平。

据郗会锁讲，衡水中学无论教师还是学生，不管参加什么级别的大赛，几乎都是奔着第一去的，而很多时候，他们也多能如愿以偿。

这些年来，衡水中学是河北省班主任基本功大赛中唯一选派两名选手参赛的学校。一般来说，这两名选手获得一个特等奖和一个一等奖几乎成为定局。

不过，有一次，其中一位参赛教师因为失误与一等奖擦肩而过，只获得了二等奖第一名的成绩。他回到学校之后，非常内疚地去找郗会锁，一再说辜负了学校的期望。郗会锁对他进行了很长时间的劝慰，他才慢慢离去。可郗会锁说，在这位教师离开的那一刻，他看到了这位教师脸上表露出来的巨大决心与勇气。

这种敢于争先的精神在衡水中学随处可见，比如笔者在观看学生军训时，就被其冲天的气势震撼，学生雄壮而又霸气的口号声简直称得上"气吞山河"。他们在烈日骄阳下喊着："天骄十九，不懈追求；勇往直前，争创一流！军中骄子，校园精英；铿锵二十，谁与争锋……"

在2019年第28届全国中学生生物学奥林匹克竞赛中，河北省共获得11枚金牌，其中9枚花落衡水中学。同年，邓子杰同学在第51届国际化学奥林匹克竞赛中力挫群雄，摘取金牌，理论成绩世界第一，总分世界第二。囿于篇幅，笔者不可能将衡水中学学子获得的各项荣誉一一列举出来，因为仅2019年，他们就获得各类荣誉1000余项，其中国际级荣誉14项，国家级荣誉440余项，省级荣誉400余项。

这种必争第一的精神，深深烙印在了衡水中学师生的心里，并锻造成了一种学校文化。而正是这种敢争第一、积极向上的文化，影响了一代又一代"衡中人"，让"衡中人"永不言败，奋力向前，从而斩获了一个又一个辉煌的成果。

永不满足、追求卓越的革新意识与品格——创新精神

全国很多学校的教师到衡水中学参观学习并赞叹不已的同时，也将衡水中学的办学经验"拿来"为己所用，并取得了可喜的成果。所以，

有人说，只要守住这种成功模式，衡水中学就会永远立于不败之地。

可在采访郗会锁的时候，笔者却得到了截然相反的结论。

郗会锁非常谦虚地说，再多的成绩也都已属于过去，虽然以往成功的经验，有的仍可以继续用于当下，可时代在不断变化，我们必须要有新的思维与新的方法来适应新的时代。我们也在思考，是否可以在原有经验的基础上创新出更有价值的做法，从而产生更好的教育教学效果。汤之《盘铭》上所说的"苟日新，日日新，又日新"，在衡水中学不只是一种箴言，还变成了实实在在的行动。

在2019年10月12日举办的"第九届著名高校衡水中学校园行"（以下简称"校园行"）活动上，来自清华大学、北京大学等110余所高校的270余位知名专家、教授等齐聚衡水中学，与数千名学生进行面对面交流。

前往衡水中学的高校人员中，有的虽然去过数次，但还是为衡水中学这一届校园行活动的新意迭出而惊讶不已。

其实，衡水中学的每一届校园行活动都安排得精彩纷呈，让来者赞不绝口。而这一届校园行活动的新意迭出，让很多人感到不可思议的同时，又情不自禁地为衡水中学的创新思维与创新行动击节称叹。

"衡中人"也对本届校园行活动深感满意，从活动开始到结束，几乎每个师生的脸上都洋溢着自豪的笑容。

笔者看到郗会锁脸上绽放出来的笑容，就知道他也为此活动的成功欣慰不已。

可是，活动结束的第二天，郗会锁就召开中层以上干部会议，对大家在活动中的卓越表现予以肯定的同时,又要求大家认真总结这次活动的经验教训,以便为第十届校园行活动做准备。他说,好的经验可以作为一笔精神财富保留下来,但不能一成不变地重走老路,要有新的思考、新的路数,哪怕是微创新。他要求参会人员在最近一段时间内就要拿出明年的活动方案。

对此,学校干部感到压力很大。可郗会锁发现,这些压力随后就变成了巨大的动力,不久之后,一些更有创意的方案诞生了。

郗会锁认为,全国很多学校纷纷前来参观学习,对于衡水中学来说,这无异于一场大考。而衡水中学要想考出优异的成绩,不仅需要认真总结过去的经验,还需要不断创新。

他常常在学校的各种会议上讲:"只有做到人无我有、人有我优、人优我新,才能立于不败之地。"就这样,当其他学校学到衡水中学的办学经验的时候,衡水中学已经跨上新的台阶。

◎ 2019 年 10 月 12 日,衡水中学举办"第九届著名高校衡水中学校园行"活动

郗会锁还强调，衡水中学不仅要保住"高质量"，还要有无限的创新力。没有创新，长期铸造而成的衡水中学品牌就会被人逐渐遗忘；有了创新，这一品牌才能拥有更高的品质。

不管是旗帜鲜明地提出"精神立校、文化治校、创新兴校、实干强校"四大办学战略，还是大力倡导并践行"大安全观、大德育观、大课程观、大考试观、大发展观"五大办学指南，乃至在全校上下全面铺开"知我爱我荣我、知家爱家荣家、知班爱班荣班、知师爱师荣师、知校爱校荣校、知国爱国荣国"六知六爱六荣教育，无不体现着郗会锁创新的意识，蕴含着其创新的勇气，闪烁着其创新的思想火花。

这几年，笔者在不同的地方与郗会锁交流或听其演讲，每次都可以感受到他思维的不断跃动。创新、创新、再创新，似乎已经成了他的一种习惯。这给广大校长以有益的启示，创新是一所学校不断发展的内生动力。

《周易》说得好："日新之谓盛德。"当一个校长因为不断创新让学校持续腾飞的时候，其内在的德性才能放射出璀璨的光芒。

如履薄冰、如临深渊的强烈危机与忧患——忧患精神

衡水中学令人羡慕的高考成绩，以及各种赛事上出类拔萃的表现等，无不向外界宣示着这所学校的非同凡响。对于一般学校来说，能够获取其中一项成绩，他们可能就引以为豪了。所以，有人认为，衡水中学这一雄厚的"资本"，足以让他们在成功的安乐椅上躺很多年。

可在笔者采访郗会锁的时候,他却说自己每天都如履薄冰,如临深渊,如芒刺背,如坐针毡。

在学校召开的各种会议上,他一次又一次地对大家讲,"狼来了"绝对不是吓唬小孩的一句谎言,而是一个当下就摆在我们面前的事实。

他认为,河北省在高考竞争赛场上"群雄并起",当下还名不见经传的学校,说不定哪一天便异军突起,直接向衡水中学发起挑战甚至取而代之。

他说:"衡水中学的命运就握在我们自己手里。如果只是一味地为自己取得的成绩而骄傲,说不定哪一天衡水中学就会'死于安乐';只有心怀强烈的忧患意识,衡水中学才能'生于忧患'。"

为了增强团队的忧患意识,他组织全校教职工学习华为总裁任正非写的《华为的冬天》等文章。

在2001年华为销售额达到200多亿的时候,任正非却认为华为的冬天即将来临。所以,他说:"十年来我天天思考的都是失败,对成功视而不见,也没有什么荣誉感、自豪感,而是危机感。也许是这样才存活了十年。"

正是因为这种强烈的忧患意识,华为不但没有被寒冷的冬天冻死,反而显露出勃勃的生机。

同样,郗会锁要求全体教职工坚持五个发展导向,其中第一个就是问题导向。他认为,问题就是增长点。于是,他坚持开门搞教育,欢迎广大教职工以各种形式对学校发展提出意见与建议,每周他都能收到百余条意见与建议。他会将这些意见与建议分门别类地整理好,一一落实。

郗会锁认为，要想让衡水中学继续发展下去，就必须有忧患意识。忧患意识不仅是担心被超越，还有对教育、对未来的责任感和使命感。

他还说："我们之所以强调忧患意识，除了是为衡水中学更好地存活与发展之外，更重要的是因为我们心里一直装着衡水中学的学生。那么多品学兼优的学生考入衡水中学，他们每一个人心中都有一个美好的梦想，希望考入理想的大学，有一个美好的未来。这何止是这些学生的期望，也是他们父母的期望，乃至整个社会的期望。如果衡水中学不能有'更上一层楼'的发展，而是不断地衰落下去，那么损害学校的名声事小，一大批学生没有了美好的前程事大呀。所以，当下的忧患是对未来的学生负责，是对衡水当地的老百姓负责。"

说这些话的时候，笔者明显感到他的心情非常沉重。

郗会锁说，所有教职工只要有一颗仁爱之心，心系学生、家长乃至社会的期待，就不可能没有忧患意识，就不可能不矢志不移地拼搏向前。

精益求精、一丝不苟的特别严谨与规范——精细精神

老子说："天下大事，必作于细。"郗会锁认为，衡水中学和其他优质学校一样，都是在做关乎学生生命成长的大事。任何一个细小的失误，都可能对学生的成长产生严重的影响。所以，学校所有的工作必须做得细之又细。

为此，郗会锁在全校教职工大会上提出了"八大工作纪律"，即不能让事情在我这里拖延、不能让成绩在我这里下滑、不能让工作在我这

里失误等。

大家工作起来极其认真，就是为了做到精益求精。比如在课堂教学方面，学校就对教师提出了"四精"的要求：精选、精讲、精练、精评。即使学生的错题本，也细到极致。比如光数学错题本就有六个，函数、三角、数列、立体几何、解析几何、概率与统计各一个，而且学生在进行改错与总结时不用抄题，拿小刀将错题从资料上割下来，然后将错题粘到错题本上就行。

每天从早到晚，衡水中学的铃声会响60多次，最短间隔只有两分钟，每次铃声响起都是在提醒学生为下一步要做的事做准备，看似苛刻、琐碎的要求，却彰显了学校对学生精细科学的管理。

正是这些精细管理，让师生的时间都充分利用了起来，不但提高了大家做事与学习的效率，还让大家养成了良好的习惯。

叶圣陶先生说："教育是什么？往简单方面说，只需一句话，就是要养成良好的习惯。"郗会锁认为，所有的细节管理已经成为衡水中学的制度文化，一一内化到全校师生的心里。正如梁晓声所说，真正的文化是植根于内心的修养、无须提醒的自觉、以约束为前提的自由、为别人着想的善良。所以，衡水中学的师生并没有因此而感觉受到了束缚，反而将内化于心的制度文化变为一种自觉的行动。

那么，人们也许会说，在这样的精细管理下，衡水中学师生的失误一定会少之又少，但失误不可能完全避免。

郗会锁认可这种说法，他也知道不能失误的要求不合乎情理，比如要求大家创新，那么创新既可能成功，也可能失误甚至失败。再说，失败或失误对个人成长未必是坏事，正所谓"失败是成功之母"。

但是，郗会锁同时也认为，任何人不能因此而从主观上降低对自己的要求。当人人都对自己严格要求，追求严谨细致的时候，大家在学校工作上就会很少失误，甚至没有失误。比如一年一届的队伍庞大的40公里远足活动，风险之大可想而知。可是，由于学校周密精细的安排，这项活动年年搞得轰轰烈烈，年年确保学生平平安安。

休说40公里远足，就是学生去学校附近的公园游玩，有的学校也因担心出现安全问题而禁止学生前往。可是，由此取消学生必需的校外活动，就掐断了学生生命成长必需的营养。

也许，还会有人说，40公里远足是衡水中学的一个品牌，也是一个精细化管理的成功案例。可是，在其他方面难道就没有失误过吗？

当然不是。那么，一个人出现失误，会不会立刻受到严肃处理呢？

郗会锁的回答是否定的。

◎ 40公里远足活动

"智者千虑,必有一失。"如果有人真的出现了失误,只要是诚心诚意地想着把事情办好,学校就不会对其严加处理,还会与他一起分析失误的原因。如果问题出在个人方面,就让其吸取教训,确保此后在这类事上不再失误,从而培养其"不贰过"的良好品质。如果问题出在学校规定方面,则要通过集体讨论,进一步修改与完善相应的规章制度,从而使其更加严谨与精细。

因此,但凡到衡水中学参观和学习者,几乎都对其精细化管理欣赏有加。有的参观、学习归来之后,通过精细化管理,让自己学校的教学质量得到较快的提升。

夜以继日、年复一年的倾心付出与拼搏——敬业精神

郗会锁说:"衡水中学是开放的。当络绎不绝的参观者来衡水中学考察的时候,我们很希望他们取得'真经'回去之后能够铸造自己的辉煌。所以,我们总是毫无保留地把自己的具体做法一一分享出来。但遗憾的是,这些在衡水中学行之有效的做法,到了不少学校那里,却往往鲜出成果。"

人们对此大惑不解,有的还专门就这个问题向郗会锁请教。对此,郗会锁也感到无能为力。因为人们虽然从衡水中学学到了相应的规章制度、教学流程等,但带不走衡水中学的精神。比如衡水中学的教师拼搏进取、倾心付出,不但无怨无悔,而且乐在其中,其他学校的教师如果没有这种精神,即使使用了衡水中学的教学方法,也不可能收到很好的

效果。

记得第一次到衡水中学采访时，笔者听说当时担任班主任和语文教师的信金焕，每天早晨5：30就赶到学校，晚上10点多才返回家里，即使周末，她大多数时间也在学校度过。

信老师说，衡水中学所有的班主任，甚至普通教师，也都像她一样早出晚归。

那么，衡水中学的教师如此拼命地工作，就真的不辛苦吗？

郗会锁承认，衡水中学的教师比其他一些学校的教师不知要辛苦多少倍，可是，他们心系学生，并从学生的成长中感受到了幸福。所以，心灵上的愉悦减轻了身体上的疲劳，这反而让他们的身体保持健康。

在采访一些年轻教师的时候，他们说："我们累并快乐着。如果年轻的时候不努力、不付出，我们就不可能快速成长，而正是自身的成长让我们感受到作为衡水中学教师的幸福。"

成功的大门总是为奋斗不止的人敞开着。

冰心老人有这样的诗句："成功的花，人们只惊羡她现时的明艳！然而当初她的芽儿，浸透了奋斗的泪泉，洒遍了牺牲的血雨。"这不正是走向成功之路的衡水中学师生的生动写照吗？

郗会锁感慨地说，多少年来，学校备课区晚上的灯从未早于教室的灯熄灭过。每当看到这种景象，他就心潮澎湃，激动不已。他说，那就是一盏盏"信念"之灯、"担当"之灯、"精神"之灯。一个人只要点燃了这样一盏灯，他的生命就一定能散发出耀眼的光芒。

他还说，衡水中学从过去的卑微弱小、生源外流，逐渐发展到今天的家长信赖、学生自豪、领导肯定、众人夸赞，说到底，就是这种精神在起作用。

这种夜以继日、年复一年倾心付出与拼搏的敬业精神，已经被锻造成了一种校园文化。文化的要义之一就是以文化人。不管什么人，只要走入衡水中学这个精神文化的场域之中，就一定会在这种精神的感召下奋力向前。

蓬勃向上、昂扬奋进的满腔激情与斗志——进取精神

前面，我们谈到了潜能的巨大作用，那么，如何激发出这种潜能呢？

郗会锁说，当一个人激情洋溢的时候，其潜能才有可能表现出来，因为激情与潜能是一对孪生兄弟，相伴而生。

每一次去衡水中学，笔者都能感到那里好像有一团熊熊烈火在燃烧。

但凡到衡水中学参观学习者，几乎都要观看学生跑操，那前后间隔一致、整齐划一的队列和气冲云霄的口号声让人不由得激情满怀。

笔者曾在现场观看过衡水中学的十大学星竞选，毫不夸张地说，那是笔者看到的最让笔者心情激荡的竞选。看着选手昂首挺胸地走到台上，气势磅礴而又铿锵有力地演讲，听到台下啦啦队此起彼伏而又高亢有力的"加油"声，笔者也情不自禁地欢呼起来。

如此荡涤心灵的活动会持续三个月之久。因为在全校十大学星的竞选中，学生必须经由班级、年级等门槛进行选拔后，才有可能到全校的大舞台上一决高下。

千万不要认为只有在全校竞选时才有如此火热的场面。其实，从班级的学星竞选开始，激烈的竞争就已经开始了。

在衡水中学，即使是高三学生，也依然有着各种各样的活动，比如优秀学子报告会、规范月活动、奖助学金颁发大会、课前一歌、会操比赛、拔河比赛、每天一分钟演讲等。

郗会锁说："我们几乎天天在学生那里'煽风点火'，目的就是要点燃起学生的激情之火。因为只有在激情洋溢的时候，学生的学习才能抵达高效的殿堂，而学生身上原本沉睡的潜能，也才能被唤醒。这样一来，学生学习的时候，就不再感到痛苦，反而会享受到高效学习带来的愉悦。"

没有到过衡水中学的人，往往因为衡水中学高得令人咋舌的升学率而断定其是应试教育的"高考加工厂"。他们如果真正地走进其中，就会为自己以前的说法和想法感到内疚。其实，学生如果只是为了升学而学习，加班加点，挑灯夜战，就会变得死气沉沉，不但不会提高学习效率，而且往往不可能取得好的成绩。

激情不但在学生身上一直燃烧着，而且在教师那里也从来没有熄灭过。

笔者曾参观过衡水中学的班级对抗赛活动，那场面简直让人热血沸腾。不仅学生在这种激烈的抗争中激情澎湃，而且每个班的班主任也都全然忘记了自己的年龄，挥舞着双臂，像学生一样大喊着、欢呼着。

郗会锁说，为了让教师的激情像学生一样，学校专门搭建了让教师挥洒激情、走向成功的舞台。比如，学校每学年都要开展"十大品牌活动"——师德报告会、最受欢迎教师评选、魅力班主任评选、十佳班主任评选、青年教师希望之星大赛、专业成长优秀教师评选、科研标兵评选、师德标兵评选、班主任素质大赛、青年教师希望之星。

笔者有幸在衡水中学观看过一场"十佳班主任评选"。选手们个个斗志昂扬地走上舞台的那一刻，笔者心灵的堤岸就已被激情的狂涛猛烈撞击起来。那些年龄较大的教师演讲的时候，笔者不由得想起苏轼的著名诗句"老夫聊发少年狂"。而初出茅庐的年轻教师，演讲起来更是英姿勃发，慷慨激昂，让笔者不免生出"后生可畏，焉知来者之不如今也"的感慨。

只有让学生的激情与教师的激情互相交汇，师生相互感染，学生与教师的潜能才能得到更加持久的激发。上课的时候，教师激情荡漾，灵感频闪，演绎出一个又一个精彩的课堂景观。而学生的思维也在教师激情的"拍打"下，尽情地飞扬起来。于是，课堂教学就成了师生共同演绎生命的场所，高效的教学与学习也就不期而至了。这样一来，学生考出好成绩，学校升学率年年攀升，也就成了自然而然的事情。

郗会锁说，一所高中学校希望能有高的升学率，希望学生能全面发展并不是什么坏事，关键是如何提高升学率，如何让学生全面发展。如果只是让教师死教、学生死学，那么学校永远不会有很高的升学率，学生也不可能获得全面发展。只有教师心怀激情地去教，学生激情四射地去学，学校才会有一个很好的发展前景。

何止于学生和教师，就是郗会锁，每天也是豪情万丈、激情满怀。他家住在校外，可每天早晨5：20的闹铃一响，他便匆匆起床，快速赶往学校。从早到晚，他马不停蹄地忙于校内工作。即使这样，他也非但没有半点倦意，反而脸上洋溢着无限的幸福。

谈及此事，郗会锁欣慰地说："让我深感自豪的是，这种激情已经成为衡水中学的一种文化，身处其中，你不可能不满怀激情。"

笔者多么希望那些来衡水中学参观学习的人，能从衡水中学的激情文化中受到启发，也去点燃自己学校师生激情的火把，照亮学校的发展前景。

直面挑战、决不退缩的深厚责任与担当——担当精神

随着衡水中学的知名度、美誉度越来越高，社会对这所学校的期望也水涨船高，由此压在校长肩上的担子也愈来愈重。作为"仁以为己任"的校长，郗会锁自然也就有了"不亦重乎"的自我追问。

那他身上的重任是什么？当然是把一批批学生培养成品学兼优且有持续发展张力的人。显然，这一重任只有全校教职工齐心协力才能完成。

衡水中学教师的拼搏进取精神早已传为佳话。可是，要想让所教学生的水平持续上升，教师的专业素养也要不断提高。除了教师自学与研究之外，学校还必须为教师更好更快地发展提供平台。

为此，衡水中学专门开设了"衡中大讲堂"这一校本课程，不但邀请教育界的名师大家，而且特邀部分两院院士、奥运冠军、航天英雄、国防专家等各界精英人士来校演讲。

郗会锁说，学校之所以邀请这些人到校讲学，就是想让教师站到一个更高的台阶上去思考如何给予学生更加优质的教育。俗话说："听君

一席话，胜读十年书。"他们所讲的内容，既有闪耀着璀璨光华的思想，也有充满智慧的生命感悟。教师从中汲取一二，也许就有可能让生命得到升华。

同时，学校又陆续派出一大批教师出国考察和培训，让教师聆听国外名家大师之讲，乃至与他们面对面地交流。这样一来，教师不仅开阔了视野，而且在教育教学的时候有了"面向世界"的思考与实践。

衡水中学的教师大多毕业于普通大学，可他们的实际教学水平却已超过一般名牌大学毕业的高才生。如果说学历教育重要的话，那么之后的持续不断的高层次学习就更加重要。

衡水中学的教师，有的已经成为中国教育界的名家名师，有的甚至已经进入教育部"名师领航工程"的教师行列之中，而成为特级教师、正高级教师者更是比比皆是。

所以，衡水中学的教师在教育教学中，已经能够站在教育科研和课堂教学改革的前沿，引领学生向着更高的目标攀登了。

郗会锁说："更重要的是，我们的教师都有一种高度的责任感和使命感，他们不但爱学生，而且引领着学生不断走在会学、乐学的道路上。如果教师教学生是一种义务的话，那么让学生自己会学而且乐在其中则是一种更高的责任。因为这不但会让学生学到知识，考出高分，而且还会让他们终身受益。"

做负责任的教师，在衡水中学教师那里，已经不是一个简单的口号，而是深深地烙印在他们心里，并自觉地外化成了实际行动。

近年来，衡水中学先后有七位教师援疆援藏，他们克服困难，无私奉献，努力为边疆地区教育发展贡献自己的力量。

2020年春节，突发的疫情对每一所学校来说都是一次考验和挑战。面对疫情，衡水中学主动肩负起名校的责任与担当，将校内教师培训课程主动对外发布，与全国教育同仁分享；为衡水市乃至河北省处在抗疫一线的医务人员的子女主动量身定制提升课程，定时进行心理辅导。此外，衡水中学还积极与湖北省对接，支援湖北省教育教学，用高品质的课程帮助湖北省师生度过疫情时期，九个学科分两批共计送出90余节精品课。

学校深厚的教育情怀、教师高度的责任担当，在无形中辐射到学生，让他们也"见贤思齐"。

郗会锁说："我们为此深感自豪的同时，也在努力助推学生'当负责任的学生'。"

每年新生入学之前，学校都要给每个学生的家庭发两本书，一本是《做负责任的学生》，一本是《做负责任的家长》，目的就是让学生和家长在学生入校之前就知道，既然选择了衡水中学，学生和家长就要肩负起自己应尽的责任。

任何一个家长，把孩子送到衡水中学，都希望自己的孩子能考上一个理想的大学，未来能持续发展。在这方面，衡水中学做出了极大的努力。而教师在这方面彰显出来的奉献精神，也让所有的家长都感动不已。

学校应当满足家长的合理需求，可是也要对学生的身心健康负责。也许有人认为，衡水中学的学生每天都在拼命地学习，睡觉的时间一定少之又少。其实不然。多年来，衡水中学在确保学生每天八个半小时的睡眠时间上做了严格的规定，而且落实得极其认真，一丝不苟。即使是每天一个小时的午休，学校也一直雷打不动地坚持着。也许有人会问，让学生趴在桌子上睡觉不行吗？这样还可以将从教室到宿舍的时间节约下来。可郗会锁认为绝对不可以，因为通过研究发现，趴在桌子上睡觉和躺在床上睡觉的睡眠质量有着天壤之别。学生安安稳稳并且舒舒服服地躺在床上睡一个小时，不但大大提高了下午的学习效率，而且对身体健康大有益处。

高中生，尤其是高三学生，有的会出现或大或小的心理问题。这些心理问题如果得不到及时的解决，就有可能愈演愈烈，最终造成不好的结果。为此，学校成立了心理咨询室，并且组织学生自编自演心理剧。笔者在观看心理剧演出的时候，不但为学生的演出水平惊叹，更为他们在演出中荡漾出来的阳光心态感动。笔者对学生进行采访时，学生兴奋地说，正是在自编自演心理剧的过程中，很多积压在心里的负面情绪得到一一化解。

为了让学生拥有丰富多彩的高中生活，衡水中学安排了各种各样的学生活动。据郗会锁介绍，衡水中学的学生活动有"三多"，即数量多、形式多、平台多，共有60多项，学校还有50多个学生社团。而且，学校有明确要求，每个学生都要参加学生活动。只要学生选定项目，学校便予以安排，让他们在活动中感受成长的快乐。

郗会锁感慨地说："我们说的'对学生负责'，不是说让他们考上名牌大学就完事了，而是要让他们从这里学到未来10年、20年甚至终生都对他们有用的东西。"

◎ 18 岁成人礼

'对学生负责'更加重要的意义，则是让学生负起应尽的责任和义务。为此，学校举办了一年一届的 18 岁成人礼，并将其构建成特色校本课程。

笔者有幸参加过一次衡水中学举办的 18 岁成人礼，还即兴为他们做过点评。当时，笔者已经无法控制内心的情感，泪花在眼里不停地闪烁着。往昔那些对父母无微不至之爱熟视无睹的孩子，在与父母相互交换书信、彼此诉说衷肠的那个特定时刻，谁也抑制不住感动的泪水。这种仪式的存在，使某一天与其他日子不同，使某一时刻与其他时刻不同。那一刻，仪式的作用显现出了无比巨大的能量。也正是从那一刻起，所有的学生感到自己突然长大了，和自己拥抱在一起的父亲或母亲，曾经年轻的脸上已经生出几道皱纹。他们觉得以往愧对父母的期望，决心从此担负起自己身上的责任，不仅要好好学习，好好做人，还要在学成之后，更好地回报父母。

衡水中学的学生没有空喊"责任""担当"的口号,而是真的履行起了他们的诺言。

在40公里远足活动期间,他们自觉地捡拾起被人丢弃的垃圾;在放假期间,他们主动为素不相识的盲人引路;在抗击疫情期间,他们主动拿出自己积攒的零花钱献爱心……

尤其让笔者感动的是,有个学生毕业之后出版了两本书,这个学生将出版社给的5万元稿酬作为"奖教金"送回母校,奖给那些为学生成长辛勤劳动的教师。

郗会锁说:"当人们赞叹衡水中学的高升学率时,我们更加为自己学生身上的责任感而自豪。这样的他们走到大学乃至社会上之后,才能真正成为对人民有用的人。"

众志成城、令行禁止的强大合力与执行力——团队精神

"名师出高徒"似乎早成定论,有的学校不惜一切代价在增加名师数量上大做文章,有的还以此为骄傲,经常宣讲自己争抢名师的"经验"。

衡水中学每年考上清华大学、北京大学的学生很多。正因如此,有人猜想,衡水中学的教师也一定大多毕业于名牌大学,来自清华大学和北京大学的教师也一定不少。

答案是否定的,衡水中学数百名教师,只有一人毕业于清华大学美术学院,毕业于其他名牌大学的教师也屈指可数,他们绝大多数来自普通师范院校。

而就是这样的教师团队，却能年复一年地培养出一批又一批考上名牌大学的学生，除了前面我们所谈的原因之外，是否还有其他的奥秘呢？

郗会锁坦言："我们有着一支极具合作意识和超强凝聚力、执行力的团队，正是这支团队造就了衡水中学的辉煌。"

他举例说，学校选派某位教师参加全省或全国的课堂教学大赛时，不仅参赛者加倍努力，而且同年级同学科的其他教师也全部上阵，帮助其查找相关资料、听课、研课，甚至主动录制其课堂视频，带回家里研究，以便提出有价值的意见。在参赛教师启程时，大家无不热诚地致以美好的祝愿；在参赛教师得胜回校后，大家又热烈地向其表示祝贺。

郗会锁说，每天各学科教师为学生布置的作业题，不是从市场上买来的成套习题，而是某个年级整个学科组的教师坐在一起，根据学生特点，一遍又一遍地研究出来的。无疑，这样的作业题是群体智慧的结晶，堪称精品。正因如此，学生对知识的获取变得更加高效。

毋庸置疑，衡水中学的教师投入到教学研究的时间要比其他一些学校的教师多得多。一分耕耘，一分收获，这些绝大多数从普通大学毕业的教师，在衡水中学锻炼几年之后便会脱颖而出……更重要的是，团队精神根深蒂固于他们的内心后，又会生出更加蓬勃的力量，从而让衡水中学有了取之不尽、用之不竭的精神源泉。

也许有人会问，衡水中学在全面实施竞争上岗、班主任职级制和首席星级教师评选过程中，教师之间难道没有激烈的竞争吗？

面对这样的问题，郗会锁微笑着答道："竞争与合作看似是一对矛盾体，其实，有时也会成为一个和谐的统一体。竞争的目的不是击败对方，而是通过展示自己的才华,寻找一个更加适合自己的位置,也为团队接纳自己提供可能。因此,衡水中学的每一次竞争都能激活个人的潜能,而团队又将个人潜能汇聚在一起,从而生出极其强大的推动学校发展的内生动力。"

郗会锁还说,他在校内提出了"行有不得,反求诸己"的倡议,要求其成为全体教师的思维方式和行为习惯。有了问题,不要怨天尤人,而要反躬自省,这样处理人际关系时才能达到"躬自厚而薄责于人,则远怨矣"的效果。

正是因为在这一系列的表面竞争的背后,有一个"大家好才是真的好"的团队精神作为支撑,所以每次激烈的竞争最终都会归于平静,而后才能形成这样一支紧紧凝聚在一起共同战斗的优质团队。

《周易》有言:"二人同心,其利断金;同心之言,其臭如兰。"二人同心协力就有如此大的力量,那么,衡水中学数百名教师同心同德、

◎ 郗会锁和师生在一起

合作共进的时候，衡水中学取得更加辉煌的成就也就不足为奇了。

通过对郗会锁的采访，笔者能感受到他对衡水中学办学理念的自信、发展方向的自信、教育成果的自信和学校文化的自信，特别是对"衡中精神"的自信。他讲道，从当年的"衡中现象"到如今的"衡中精神"，人们对衡水中学的认识在逐步深入。

2019年10月，河北省政府研究室的领导一行四人到衡水中学进行了深入调研并指出，"衡中精神"的内涵概括地讲就是一种艰苦奋斗、不屈不挠的精神，一种敢于斗争、敢于胜利的精神，一种甘于奉献、大爱无我的精神，一种激情澎湃、团结精进的精神，一种追求卓越、勇攀高峰的精神。"衡中精神"不仅在教育领域有指导意义，而且对其他行业有借鉴意义。

就像井冈山精神、长征精神、"两弹一星"精神、航天精神等成为中国人民自强不息、奋勇争先的强大动力和思想武器一样，"衡中精神"不仅成为衡水中学屡创奇迹的秘诀、实现梦想的武器，而且正在从内部共识扩展为外部共识，被社会广泛赞誉并学习。

创新适合师生发展的幸福教育
——瑞安市新纪元实验学校的价值取向与特色品牌

瑞安市新纪元实验学校，是1999年由上海新纪元教育集团创办的一所九年一贯寄宿制民办学校，现已发展为十二年一贯制优质学校。瑞安市新纪元实验学校获得的近千项荣誉，让其誉满瑞城，名噪一时。

是什么促使这所学校的规模在短期内不断扩大？又是什么让这所学校的内涵不断丰富？

通过走访，笔者发现，一直以来，这所学校坚持"幸福教育"理念，以"创新适合教师发展的幸福学校、创新适合学生发展的幸福教育"为目标，开展"干部幸福工程、教师幸福工程、学生幸福工程"系列活动，打造了优质新纪元教育品牌。

行政干部"六育"工程

为了让师生长久地徜徉在幸福的园地里，学校启动了"行政干部'六育'工程"，并有了行政干部虽然忙、累却依然幸福的精神景象。

一、食育陪餐工程

瑞安市新纪元实验学校有着明确的规定：每一名行政干部每学期陪学生就餐 50 次，校级干部必须超过 50 次。正是在陪餐过程中，行政干部了解了食物营养、食堂卫生、饮食安全、营养搭配等方面的情况，在实施食育的时候，才能做到有的放矢。

起初，有的学生与行政干部同桌就餐，尚有点拘谨。可行政干部脸上洋溢出来的笑容，让学生有一种特别的温馨感；他们的真诚之言与关爱之情，又让学生如沐春风。于是，学生与行政干部的心就走到了一起。学生偶有心结，也会毫不拘束地向行政干部倾诉。于是，这种学生与行政干部之间及时的娓娓而谈，便让学生的心理状况由阴转晴，学生脸上也逐渐展露出青春的笑容。

二、德育帮扶工程

每一个学校都有一些或家庭贫困或学习困难或品行欠佳的学生，如果学校对这些学生不闻不问，那么这些学生身上出现的一些问题就有可能愈演愈烈，以致让他们与幸福长久地分离。学生出现这些问题的原因涉及方方面面，可学校承担着让这部分学生与其他学生共同健康成长的责任与义务。为此，瑞安市新纪元实验学校要求每一位行政干部结对一个家庭贫困的学生，帮扶一个学习困难的学生，矫正一个品行不良的学生，从而带动教师帮扶学生、学生帮扶学生，形成相互帮助的良好氛围，构建人人都是德育工作者的工作机制。

这不但让处于"弱势"的学生在"山重水复疑无路"时看到了"柳暗花明又一村"的美景，而且升华了行政干部的人格境界。所以，行政干部尽管为此付出了很多，却品尝到了"幼吾幼以及人之幼"的特殊幸福感。

三、智育提升工程

行政干部的职责是非常明确的，让其关注智育工作，似乎有点不妥。可瑞安市新纪元实验学校却要求每一位行政干部都要带头参与课题研究、课程开发和课堂改革。行政干部每学期上行政导航课两节，随堂听课不少于30节，其中，学部校长听课不少于60节，教务处主任、副主任听课不少于40节；驻一个教研组或备课组，其中，学部校长结对状元工程（每班一名学生），学部副校长（助理）兼年级组长驻一个年级段，后勤干部驻一个科室。

叶绍胜校长认为，干部关注教学质量，会给工作在教学一线的教师一个积极的心理暗示：教学质量是学校的生命线，行政干部都如此重视，教师就更应当极其认真地对待。同时，行政干部在关注教学的过程中，可以及时了解并迅速解决教学上的需求，让行政与教学的关系更加和谐。再者，行政干部不但有了行政发言权，还有了教学上的话语权，在无形中提高了他们在教师中的信任度。

四、体育健身工程

瑞安市新纪元实验学校规定，每一位行政干部都要积极参与体育锻炼，每个星期早晨带领学生跑操至少三次，每学期参与体育专业队训练指导两次，每天巡视学生做眼保健操至少一次，每学期参加工会活动至少一次，从而形成体育第一、健康第一的良好氛围。

叶绍胜校长认为,健康是生命之本。如果说健康是1的话,爱情、金钱、事业等则全部是 1 后面的 0。只有 1 在，0 才能以 10 倍的系数不断增长；如果 1 不存在了，那么一切都为 0。开启体育健身工程，既能让师生倍感幸福，也能让行政干部的工作与生活变得更有意义。

五、美育培养工程

美育可以培养人追求健康的、高雅的、纯正的审美趣味，提升人的精神境界，以至让人获得生命的终极幸福。正是基于这样一种思考，瑞安市新纪元实验学校规定：每一位行政干部要带头参加学校组织的各类美育活动，每月巡视功能室一次，每月听音乐、美术、舞蹈课一节；每学期参与学生的展示活动至少一次，学部副校长（助理）兼年级组长每月参加幸福广场演出一次；要积极参加学校组织的艺术节；要带头在校园里发现美，体验美，享受美，创造美。

身处艺术美的环境之中，学生不但会有感官上的享受，还会有心灵上的愉悦。尽管美育会占用学生一定的学习时间，可由于有了这种美的体验，学生的学习效率与质量会大大提高，其身心也会更加健康。而行政干部带头参加这些活动，既让学生感到美育的重要性，也在无形中让行政干部与学生的关系更加和谐，从而造就了一种别样的美。而干部也因有了艺术之美的陪伴，提升了自己的幸福指数。

六、劳动体验工程

瑞安市新纪元实验学校要求每一位行政干部要每学期参与学校义务劳动至少两次；每天对校园卫生进行巡查；每个星期组织好班级教室、寝室、办公室卫生大扫除；每个月组织一次对餐厅、体育馆等公共场馆的大扫除。学校还要求各学部政教处做好学生的劳动体验安排，行政干部则要每周巡查一次教室、寝室，检查学生内务整理情况，从而让学生学会整理课桌椅、整理床铺、整理衣柜等，进而养成会劳动和爱劳动的好习惯。

现在不少学生在家几乎不参与家庭劳动，甚至对于整理自己的床铺都不知如何下手。这些基本的劳动事务是学生走向自立需迈出的第一步，而学会自立是人生的重要一课。行政干部的巡查等会让学生对这些劳动事务在心理上重视起来，同时也会更好地行动起来。久而久之，学生便会养成爱劳动的好习惯。

据校长助理、人资行政服务中心主任易燎鑫介绍，学校专门成立了"行政干部'六育'工程"领导小组，由校长叶绍胜任组长，各学部校长任副组长。该领导小组对"行政干部'六育'工程"进行评价，评价结果作为行政干部晋升、绩效考核的重要依据之一。

有人问，这会不会增加行政干部的工作负担？叶绍胜校长笑着说：

◎ 学生在劳动基地参加劳动

"什么是负担？不同的人有不同的诠释。当有了'提升学生的幸福指数就是为自己的幸福增值'这一观念的时候，这些所谓的负担就转变成了幸福。每天和学生在一起，看着他们快乐幸福地成长，行政干部会感到这样工作不但有着极大的价值，也有着无限的乐趣。"

教师幸福工程

人们常用"春蚕到死丝方尽，蜡炬成灰泪始干"来赞颂教师的奉献精神，可叶绍胜校长认为，这种精神尽管可嘉，却未免有点悲怆的意味。教师应当具有奉献精神，同时也应当拥有健康、快乐、发展和成功，以及相对丰厚的经济待遇，从而能够有尊严且幸福地工作与生活。

正是基于这样一种思考，早在2011年第二学期开始的时候，瑞安市新纪元实验学校就全面启动了让教师"身体健康、心情愉快、专业发展、事业成功、前途美好"的幸福工程。

一、让教师身体健康

大哲学家叔本华说："健康的乞丐比有病的国王更幸福。"哲人之言可谓一语中的。健康与否在很大程度上决定着教师幸福指数的高低。

1. 民以食为天

自古就有"民以食为天"的说法，可见，吃对身体健康是何等重要！为此，学校餐厅既关注菜品的质量，又想方设法不断推陈出新，加之每月对教职工生活满意度进行调查和征求意见，从而让教师不但吃得饱，而且吃得好。

2. 生命在于运动

教师长期伏案工作而缺少运动，身体每况愈下者的人数一直呈上升的趋势，其幸福指数的下降也不再是什么新鲜事儿。叶绍胜校长认为，这并非一道难解的"方程"，让教师树立运动的观念，开展丰富多彩的运动活动，则可以让他们的身体更加健康。

为此，学校组织教师与学生一同做操和跑步，评选表彰"运动之星"；组织教师参加体育比赛，学校内每月不得少于一次（项），学部间、学校间的比赛每学期不少于一次，坚持每学期举办一次教工运动会；分学部组织考勤性的健体活动，每周不少于一次，每次不少于30分钟。同时，学校完善教师健体设施，建设教工健身房，动员教师将更多时间投入健身活动之中；还组织了教工乒乓球、网球、羽毛球、篮球、排球、游泳六大体育活动协会等。

教师从开始的缺少锻炼到逐渐爱上运动，身体越来越好。教师身体好了，便有了饱满的精神和美好的心情，教育教学的效率与质量也随之提高。

二、让教师心情愉快

幸福更多折射在心理层面，教师心情的优劣与幸福有着更加密切的关系。

1. 艺术是一种享受

罗曼·罗兰说："艺术是一种享受。"他甚至认为，艺术是"一切享受中最迷人的享受"。看来，开展丰富多彩的艺术活动，当是让教师步入幸福殿堂的必经之路。而学校开展的每月一歌活动，每次会议前10

分钟开展教歌、练歌、新歌赏析活动,每学期分年级举行一次集体文娱活动,包括卡拉OK比赛、交谊舞比赛,各学部每学期举行一次集中的文娱活动等,则让教师能够多角度地品味到艺术之美,从而产生审美的快感与精神的享受。

2. 成人之美,不成人之恶

心中的美景在很多时候是由心灵的和谐映射出来的,而心灵的和谐又与人际关系的和谐有着很大的关系。所以,叶绍胜校长一直倡导在学校里建立和谐的人际关系,要求干部公平公正地对待每一位教师,坚持按实绩说话,用数字说话;要求教师"己所不欲,勿施于人","成人之美,不成人之恶"。教师只要坦荡做人,认真做事,就能得到学校领导的表扬与其他教师的赞赏,从而构建风正气清而又简约朴素的人文环境。

3. 公正是一种力量

学校坚持公正公平地评价教师,按照方案公开、各项评价分数公开的原则,准确评价每一个教职工;坚持公平奖励,按照方案公开、计算办法公开、奖励结果公开等原则,严格按数字进行奖励;坚持公平地评优、评职,严格按条件标准用数字说话。

拿破仑说:"在政府事务中,公正不仅是一种美德,而且是一种力量。"当教师公正公平地对待人和事的时候,就会形成一种具有公正特质的学校精神文化,学校也会因此蒸蒸日上。

此外,学校还建立全面的权益保障机制、民主参与的管理机制和全面的人文关怀体系等,让教师身在学校,心有所安,生成一种特殊的归属感。

三、让教师专业发展

教师只有不断发展，才能不断地实现生命的飞跃。也正是自身的发展，让他们感受到了生命的价值与意义，从而拥有了更大的幸福感。

瑞安市新纪元实验学校建立了面向每位教师的职级阶梯和声望阶梯，支持教师不断发展。学校每年进行一次教师职级晋级，并完善有关配套待遇；同时，深入开展教师专业化工程、青蓝工程、名师工程三大工程，通过考试、评价、竞赛、帮带、培训、专家引领、示范等多种途径培训教师；把教师发展作为教师管理、学部管理的硬任务，实行量化考核。如此而为，学校就可以激发每一位教师发展的内驱力，"人人想发展，人人在发展"蔚然成风。于是，一些名不见经传的教师脱颖而出，步入名师的殿堂。

"一花独放不是春，万紫千红春满园。"在一些教师脱颖而出之后，其他教师也跃跃欲试，加快了发展的步伐。学校顺势而为，开启了打造学习型团队和推进科研兴教工程，从而让更多的教师也有了更好更快发展的途径。

叶绍胜校长认为，要想让教师持续发展，就要解除他们的后顾之忧。为此，在温州市民办教育综合改革试点单位的发展过程中，学校抓住机遇，登记为民办事业单位，教师的"五险一金"全部与公办教师相同，定期开展"功勋教师、品牌教师、资深教师、名星教师"评选活动，逐步让教师享受到事业成功的愉悦。

当安心、舒心与发展共同汇聚成的暖流在教师的心里汩汩流淌的时候，成功感和幸福感也就自然而然地走进他们的生命里。因此，在民办

◎ 第十届班主任节表彰大会

学校为教师的流失而苦恼的时候，瑞安市新纪元实验学校的教师队伍却有了"风雨不动安如山"的泰然。

学生幸福工程

在关注学生成长的时候，研究如何让他们学得更好、更快，当是学校工作的重中之重。瑞安市新纪元实验学校不但对此进行研究，还大张旗鼓地关注学生的吃、睡、玩，认为这些不但关系到学生的幸福，而且与学生的学习有着内在的联系，并且响亮地提出了"吃出学习力、睡出学习力和玩出学习力"的口号。

一、吃出学习力

在一般人看来，对于吃这个问题，无须进行过多的研究。可叶绍胜校长却不这么认为。他说，研究吃，既有益于学生的身体成长，也指向了学习力的源头。

1. 吃的规范

瑞安市新纪元实验学校本着充分性、平衡性、热量控制、适度性、多样性五条基本原则，确立小学"食"的四大规范。规范一：一日六餐，少食多餐。规范二：根据"食物金字塔"来选择食物。规范三：确保每天食品的类型标准。规范四："吃"得好，"吃"得巧，促进身体健康与大脑发育。

有研究者发现，一些学生由于吃不好，导致吃不饱，刚刚上了一两节课，就已饥肠辘辘。结果，他们即使很想集中精力听课，也因肚子的不断抗议而频频走神，学习效果之差可想而知。学校的规范科学的吃法，使学生在刚一有吃的需求的时候，就能吃到美味的食物。这样一来，学生不但能集中精力学习，而且身体也像田间禾苗一样茁壮成长起来。

2. 吃的升华

吃不只是追求果腹与美味，还弥漫着文化的清香。苏轼的很多关于吃的诗词佳句，流传千古而不衰。而关于吃的礼仪的研究，他甚至达到了至境。《礼记》中的曲礼篇、礼器篇、少仪篇，记载了上至天子、下至平民的饮食礼则。虽然现代的礼节已不像古时那样烦琐，可一些吃的礼仪依然是今天交际聚会时所必需的。

在让学生吃饱、吃好的同时，再能吃出文化来，无疑是吃的一种升华。正是基于这样一种思考，学校开发了六大"食育"校本课程——"食育"知识课、"食育"情感课、"食育"礼仪课、"食育"手工课、"食育"艺术课和"食育"行为课。

叶绍胜校长说，吃的文化已经逐渐地"化"进了学生的心里，并形成了一种自觉与习惯。不管是在学校，还是在家里和社会上，学生的吃已经形成了一道烙印着瑞安市新纪元实验学校特质的文化风景。

二、睡出学习力

充足与高质量的睡眠，可调节生理机能，维持神经系统的平衡，缓解疲劳，调节压力，使人精力充沛，保持健康，提高学习效率。瑞安市新纪元实验学校规定并保障了小学生、初中生和高中生睡眠时间分别不少于10小时、9小时和8小时，从而提升了学生的健康水平与学习效率。

1. 服务学生睡眠

有些学生在家没有养成良好的睡眠习惯，尤其是初入学校的学生，学校要求其自觉地按时睡觉往往比较困难。为此，学校采取了24小时服务学生睡眠的办法。行政值日监管学生入睡和起床（晚8：30，早6：40；午休12：10～13：35）。一般情况下，上床后5分钟到15分钟，学生都能进入较好的睡眠状态。专职夜巡人员观察学生睡眠的深度。生活教师和任课教师无缝衔接，全面掌握学生睡眠的情况。

有了充足的睡眠时长与良好的睡眠质量，学生的免疫系统得到了保护。结果，身体健康与学习高效共同舞出的曼妙舞姿，成了校园里的一道风景。

2. 创设温馨之"家"

"心安"不但可以"理得"，还能加快睡眠的速度，提升睡眠的质量。可学生尤其是新生离开自己的家而睡在学校里，心中往往会有不安之感。为此，学校让学生按照自己对家的感觉设计与布置寝室，从而让他们有了归属感。于是，一个个具有不同个性的温馨之"家"应运而生。学生睡觉的时候不但有了安全感，还有了像在家里一样的温馨感。

3. 三步管理法

学校还别出心裁地把学生睡眠作为一个课题来研究，摸索形成了睡眠三步管理法。

一是会管理睡眠——通过严格的作息管理，让"集体"养成好习惯。当绝大多数学生酣然入睡的时候，极个别尚未走进梦乡的学生也会不由自主地进入睡眠状态，较快地与大家共享同游梦乡的美好。

二是计划来日方长——不强求"今日事，今日毕"，订一个好计划，然后去睡觉。有时，当天的学习任务未能完成等，会给学生带来心理负担而让其难以入眠。而教师未雨绸缪的开导，会让学生更加科学地制订以后的学习计划，不再重蹈覆辙，于是，他们也就释然而眠了。

三是技术辅助睡眠——做睡眠体操、放摇篮曲等"导眠"。"导眠"具有一定的科技含量，有立竿见影之效。但随着时间的推移，"导眠"时间会越来越短，学生入睡得会越来越快，以至最后无须再"导眠"。

三、玩出学习力

《中庸》有言："天命之谓性，率性之谓道。"好玩是孩子的天性，学生"率性"而行则可以抵达"道"的境界。瑞安市新纪元实验学校的学生之"玩"，与一般学生的玩，是大不一样的。学校让学生在每天35分钟的大课间可以有目的地去"玩"，而且让"玩"进了活动，进了课程。

1. 享受课间操之"玩"

仅课间操之"玩"，就有手指操、韵律操、花球操、呼啦圈操、踏板操、竖笛操、口风琴操等。学生通过每天手、眼、脑的训练，增强了专注力、记忆力和学习力。同时，这些课间操无不体现着艺术之美，让学生在审美体验中产生特殊的幸福感。这种审美快感，不但有益于学生的身心健康，还会让学生走进高效学习的天地。

2. 升华课堂之"玩"

"玩"不但可以让学生在课间一展风采，还可以在课堂上进行花样翻新。于是，就有了玩"便"课堂、玩"遍"课堂、玩"变"课堂的奇观。

所谓玩"便"课堂，就是将常规课堂以外的项目，经筛选后移植进课堂，根据课堂的需要，进行"便捷"式组合。这些项目大致包括游戏作文、对韵歌（对对子）、汉字英雄、成语接龙、智力游戏、记扑克牌、算24点、速算、中华好诗词等。

仅"地方游戏课程"中，就有抽陀螺、打纸包、弹槐豆子、母鸡护蛋、官打捉贼、摔泥碗、打水漂、打魔拳（打腿）等。"玩"中既有人物又有事件，还有戏剧性故事。学生有了这么丰富的素材，写作就会"情动而辞发"。这不但让学生爱上了"玩"，还让学生爱上了写作。长期如此之"玩"，写作就不再是一种令人心力交瘁的苦役，而是变成了乐此不疲的高级精神享受。

所谓玩"遍"课堂，就是根据课堂教学内容的特征，有目的地设计"玩点"，一改"玩"在课堂上的从属地位，将玩变成课堂教学开展的不可或缺的结构要素，比如基于学具的玩、基于情境的玩、为了变式的玩、为了巩固的玩等。

所谓玩"变"课堂，就是玩的元素变多变大以后，课堂就往往呈现大变样的趋势，常常把小课玩成大课，把短课玩成长课，把目的单纯的课玩成多元目标的课。

在这样的课堂上，所有的"玩"最终的目的都指向了学。于是，学生在不知不觉和妙趣横生中，高效率地学到了相应的知识，甚至训练成某种能力，有了审美体验。

3. 魔方课程之"玩"

据校长助理、人资行政服务中心主任易燎鑫讲，学校开发的幸福魔方十级课程，让全校二、三、四年级1500多名学生全部学会了玩魔方。学校还根据每个学具编写配套教材和视频，开发并制造出幸福魔方十级学具，把还原魔方的全过程分解成十个步骤，每一个步骤设计一个魔方，共十个魔方学具。学校安排每周一节课，让学生轻松学会还原魔方。

叶绍胜校长认为，玩魔方可以锻炼学生手指的灵活度，让学生在手和大脑协调配合的过程中实现智力开发。在魔方还原过程中，学生需要记忆一系列的公式，还原的次数多了，学生的线性记忆就会变成肌肉记忆。而且，这还是一个集观测、动作、思维于一体的过程，只有注意力高度集中，才能实现手部运动的协调及思维的高速运转。学生在玩魔方的过程中，记忆力、理解力、想象力、观察力、思维力等都会得到很好的锻炼和提升。每一次表演、每一场比赛，还会让学生的自信心、韧性、心理承受能力等诸多方面得到有效的锻炼。

需要说明的是，以上所写，只是学校千奇百怪之"玩"的三种形态。其实，他们的"玩"几乎无处不在，有课内，有课间；有校内，有校外；有课程，有活动……而所有的"玩"都与学生的学紧紧联系在一起，"玩"

◎ 学生在跳竹竿舞

让学习变得摇曳多姿、丰富多彩。

孔子说:"知之者不如好之者,好之者不如乐之者。"可见,"乐之"不仅让心灵愉悦起来,还使学习驶向了更高的境界,学生学习效率与学习质量的提高也就有了水到渠成之势。

绝境突围，创造奇迹
——石家庄精英中学的崛起之道

要让一所步入低谷的学校走向优秀，创造奇迹，绝非易事。辞去市教育局局长之职，到一所步入绝境的民办学校担任校长，带领学校突破重围，走向辉煌，非有大境界和大智慧者不可为也。

李金池，就是这样一位传奇人物。

下面，笔者就通过对李金池及石家庄精英中学师生的采访，走近石家庄精英中学。

创衡水中学品牌

1992年8月23日下午，李金池接到市委任命他为衡水中学校长的通知。

李金池1982年毕业于河北师范学院历史系，10年间始终坚持在教学一线，成为学校一名优秀教师。1992年这一年，李金池37岁。作为一名优秀教师、班主任的他，从来没有想过自己会当上校长。

这时的衡水中学正处于低谷时期，学校教育教学管理混乱，人心浮动。

市委既然已经做出决定，李金池便没有任何退路！然而，这对他的教育生涯来说是一次挑战，也是一个机遇。由此，他负重前行，以超越常人的智慧，让衡水中学在三年的时间里浴火重生。

三年后，在衡水市11个县的高中学校中，衡水中学在高考中取得了第一名的佳绩。

这一消息像风一样在衡水市传开，大街小巷的人们几乎都在奔走相告，以示庆贺。

李金池和衡水中学的教师也都喜极而泣！

从此之后，衡水中学进入了发展的快车道，每年都迈上一个大台阶。到2000年高考成绩揭晓时，衡水中学重点大学上线人数在全省所有重点中学中位居第一。人们不会想到，当时衡水中学的招生范围只是原衡水县的行政区域，该区域只有38万人口，而当时河北省内的一些老牌重点中学招生的范围内有100多万人口，甚至几百万人口。特别是2002年9月《中国教育报》连续四天每天用一个整版的篇幅对衡水中学进行连续报道之后，衡水中学的成绩引起了全国教育界人士的广泛关注。

很快，衡水中学不但成为衡水市的一个品牌，而且走向全国，成为全国人民关注的一个典型。全国数十家媒体对衡水中学进行了报道，从全国四面八方涌来的参观学习者，直到今天依然是络绎不绝。这所迅速崛起的名校成为一方神奇的教育高地。

市委领导认为，既然李金池能把衡水中学这所病入膏肓的学校治愈并让其大放异彩，那么，如果给他一个更大的平台，他或许可以闪耀出更大的光芒。

2004年，李金池被市委任命为衡水市教育局局长兼市委教育工委书记，所担负的任务是不但要让整个衡水市的基础教育焕发出勃勃生机，还要让职业教育和高等教育呈现出"柳暗花明又一村"的景象。

成大事者，必有高境界与大智慧，李金池无疑是一位成大事者。

短短几年时间，人们惊喜地发现，衡水市的教育不但有了旧貌换新颜的气象，不少方面还在全国产生了较大的影响。

于是有人说，李金池如此有能力有智慧，又有着浓郁的教育情怀，其仕途不可限量也。

显然，这些人并不了解李金池，他心底真正想做的事，其实还是当一名校长，甚至是一名教师。

他更喜欢教育教学业务，他觉得在那个天地里，自己可以自由地驰骋与挥洒生命，有一种其乐无穷的妙趣。

这种校长情结在他的心里越来越深。

2007年，他第一次向市委递交辞职报告，当然是未被批准；可他决心已定，一次不行，两次；两次不行，三次……历时三年，他仍矢志不移地递交着辞职报告。

2010年，市委领导被他坚持不懈的精神感动了，终于批准了他的辞请。

这在衡水市又引起巨大的轰动。

让人想不到的是，李金池悄悄地离开了衡水。

李金池是不是周游四方，游山玩水去了呢？

非也。

尽管他在衡水中学任校长时积累了一些经验，可是，他认为这还远远不够。于是，他要到更多类似的学校去参观学习，"择其善者而从之"。他认为即使在每所学校只学到一点经验，也定能积少成多，然后从中抽取精华，再行创造，形成办学的新思路。

他跑到了山西、陕西、四川、贵州、云南、湖南、湖北等地，考察一些从薄弱走向全国改革典型的学校，极其认真地学习与研究他们的成功经验。

未雨绸缪的李金池，即将开始一个新的征程，也许"路漫漫其修远兮"，但他一定会在"上下而求索"中开辟一片新的天地，创出一番新的业绩。

构筑石家庄精英中学辉煌

李金池辞去教育局局长职务的消息早已不胫而走，他被不少求贤若渴的学校紧紧"盯"上了。在他辞职之后的短短几天里，就有来自全国各地的教育局领导、教育集团董事长和学校相关人士专程赶到衡水，要聘他前去就任校长。其中有公办名校，也有实力雄厚而又名气极大的民办学校。他们希望通过李金池的名气与智慧，让名校更有名，强上加强。其中还有一些"日薄西山，气息奄奄"的学校，他们希望请李金池到学校当校长，挽狂澜于既倒，扶大厦之将倾。

到名校就任校长，虽不能说不费吹灰之力，但也一定是稍用心力，就可让名校放射出新的光彩。而到"岌岌可危"的学校就任校长，即使让其勉强存活下来，也会如"蜀道之难，难于上青天"一样难乎其难。如果要想让其成为名校，简直就是难上加难！

可谁也没有想到，李金池就是这样一个迎难而上者。

他认为，有的学校既然已经成了名校，何须他去沾其英名。是的，他从来就不是一个贪图虚名者。在衡水中学就任校长12年间，他不仅没要过任何荣誉与职称，就是领导指定给他的荣誉与职称，他也毫不领情，全部让给一线教师。再说，他也绝对不是一个贪图安逸者，他认为，校长唯有奋斗，才能让自己的生命发生飞跃，让教师持续发展，让学生学会学习并乐于学习，这样的生命才有意义。

因此，他出乎人们意料地选择了民办学校石家庄精英中学。

可当时，正值民办教育走下坡路之际，民办中小学校倒闭的现象呈现出"前仆后继"之势，有人甚至用"哀鸿遍野"来形容当时民办学校的惨状。

如此"天时"不和，被人称为智者的李金池难道视而不见、听而未闻吗？

何止于此！石家庄精英中学地处教育生态恶化之地，基础教育恶性竞争极为惨烈，尤其是高中教育，用"弱肉强食""大鱼吃小鱼"这样的词来形容一点也不为过，学校之间的"厮杀"几乎到了间不容发的程度。石家庄精英中学作为一所积贫积弱的民办学校，在强校林立的省城，即使想苟延残喘地活下去也绝非易事。

如此"地利"不予，石家庄精英中学要想"冲出一条血路"且勉强存活下来，实属不易。当年风光无限的石家庄精英中学，就是在这种"群狼"环伺的生存环境中步步倒退，几近"死亡"的。

不过，人们都知道孟子有句名言："天时不如地利，地利不如人和。"如果石家庄精英中学有了"人和"之利，也许还有逆风翻盘的机会。

可是，李金池初到石家庄精英中学的时候，"人和"也已经到了惨不忍睹的地步。

要想办一所优质的学校，首先需要业务精良的师资，还要具备和谐共进的凝聚力。

恰恰相反的是，当时这所学校里除了极少数从市一中、二中退休下来的老教师之外，绝大多数教师来自社会各行各业，既没有教师资格证书，也没有教师工作经历，更没有最基本的教学技能。这样的教师，必然是"以其昏昏，使人昭昭"，学生也就必然学而不知，学而不成。

在如此"三教九流"执教的学校，即使千方百计地找寻"人和"的影子，也绝对"踏破铁鞋无觅处"。

教师如此，学生又如何呢？

李金池拿起学生名册一看，心里就凉了半截：95%以上是从四面八方来石家庄经商或打工者的孩子。再看看新生的中考成绩，李金池更是倒吸了一口凉气：入学者基本上都是当年中考的"落榜生"，他们对学习充满了挫败感，在升学无望、前途暗淡之际，主动放弃努力学习的诉求。

当时的石家庄精英中学一片惨状：由于生源质量差，高考能考上一本大学的学生为个位数，而且学校的管理也极度混乱。

中国有一个成语叫"无事生非",学生不想学习、无所事事的时候,就会生出许多事端来。于是,这群血气方刚的青少年,常常聚众闹事,以致打架斗殴成了寻常之事。

为了不至于出现重大的伤亡事故,当地派出所就应学校之邀而来,并成了学校的"友好"单位。干警们辛苦地"战斗"在学校里,有时凌晨一两点才能离校回家。即便如此,也难保学生不出安全问题。为此,学校又专设了一个保安队,白天在校内巡逻。如果见到或听到学生寻衅滋事、斗殴,保安队便急忙赶去,把正在打架的学生强行拉开,才避免流血事件的发生。

即使如此,学生的人身安全依然难有保障,"人和"在学生那里早已荡然无存了。

李金池认为,学生如此"张狂",根源在教师。"三教九流"的教师,恰恰是有些学生为非作歹之根源。

那么,整顿、重建教师队伍,就成了李金池首先要做的事。

这些"三教九流"的教师虽非教学上的能手,可却"心明眼亮",李金池一到学校,他们就马上明白继续滥竽充数下去已无可能。于是,他们纷纷离校而去,另谋职业。

偌大一个校园,所剩教师寥寥无几,正常上课也没了可能。

李金池急中生智,向全国公开高薪招聘教师。

招聘公告发出后,应者云集,教师问题很快得到解决。

这些来自五湖四海的教师,其中不乏曾获"全国优秀教师""德育先进工作者"等荣誉称号者。可那是很多年以前的事了,这些教师后来更多是有名无实了。在应聘之初，这些已经发黄的荣誉证书往往为其增添不少砝码，可是，不长时间，这些教师就露出了马脚，他们只是以往日的荣誉作为筹码，实际工作起来却完全是另外一回事，不仅技不如人，工作态度也很不认真。稍不如意，或遇到更高薪资招聘者，他们便挥手告别。

李金池发现，这批教师多是为钱而来，也是为钱而走。他们宛如草原上的牧民，行走四方，居无定所。

这一被李金池称作"五湖四海"的教师时代，很快便宣告结束，从而成为永久性的历史。

继之而来且延续至今的则是"童子军"时代。

这是一支以大学毕业生为主体的教师队伍，而且是李金池带领学校负责招聘的工作人员，专程赶到各高校挑选出来的优秀大学毕业生。

他们富有朝气，尤其是对教育教学改革有着极大的兴趣，来到学校不长时间，就能依照"高效6+1"课堂教学模式的流程上课，取得了很好的效果。

于是，石家庄精英中学出现了一道极其亮丽的风景——李金池这位资深教育者，带着一大批"童子军"，兴趣盎然地攀登在教育的珠穆朗玛峰上，尽管一路不乏艰难，可沿途的旖旎风光不时装点着他们的青春年华，也让他们因品尝到累累硕果而感到幸福。

这批"童子军"在短期内脱颖而出、且备受学生喜爱、让学生的综合素养得到较快提升的消息，不但在石家庄教育界流传着，而且在全国各地的教育同行中不断地传播着。

渐渐地，石家庄精英中学附近的宾馆里悄无声息地住进了一些"形迹可疑"的客人，他们不是到石家庄精英中学考察取经者，而是专门来打探教师的教育教学情况者。他们一旦得知哪位教师非常优秀，便立即与之秘密联系，许以更高的工资，以及更加优厚的条件，试图神不知鬼不觉地将其"挖"走。有些意志不太坚定的教师，便随即离校而去。

结果，石家庄精英中学每年都会有近百位年轻教师悄然离去。

对此，有人觉得这些年轻教师缺少道德操守，更对那些秘密挖人者嗤之以鼻。可是，李金池却没有因教师被"挖"而愤愤不平，反而宽以待人。目前，学校已有一批坚定不移地跟着李金池进行教育教学改革的教师，他们不但掌握了李金池教育教学的核心技术，而且还拥有一颗教育定心。李金池不怕教师远走高飞，因为他和他的教育教学团队，会用不长时间让新来的教师快速成长起来。

现在的石家庄精英中学，绝对不会再出现人去楼空的现象了，学校现在已有七八百人的教师队伍，即使有时旧人走、新人来，也不会对正常的教育教学工作产生大的影响。

面对教师的去留问题，李金池泰然处之，从容面对。因为他知道，该走的，今天不走，明天也会走；该留下来的，不管面对多么大的诱惑，都会在这片教育沃土上继续耕耘。

当甚嚣尘上的名利大潮滚滚而来的时候，教师守住一颗淡泊宁静之心，不但可以明志致远，而且可以提升精神境界，收获教学智慧。

绝大多数教师的教育定心与教学智慧，也在无声无息地传播着。更多的家长发现，今日的"精中"已非昨天的"精中"，明天的"精中"

还会更加辉煌。于是，不少优秀的学生不请自来，甚至外省的优秀学生也慕名而来。

就这样，经过了大约五年时间的努力，李金池在石家庄精英中学完成了教师队伍的重建工作，优秀学子也纷至沓来。

激情教育点燃师生动力

德国著名哲学家黑格尔说："没有激情，世界上任何伟大的事业都不会成功。"李金池当年让衡水中学在短期内起死回生的一个重要因素，就是激情教育。他认为，一个没有激情的学校是没有希望的学校，而一个没有激情的年轻人则是没有未来的。

诚哉斯言！

本应激情洋溢的中学生，有的却由于应试教育的束缚而变得畏首畏

◎ 石家庄精英中学大门

尾，不但与蓬勃的朝气挥手"再见"，而且连学习的内在动力也消耗殆尽了。于是，学习变成了一场又一场心力交瘁的苦役。李金池则反其道而行之。他要让学生的学习变成获取知识、生成能力与智慧的快乐之旅，他要让学生的校园生活变得意趣盎然，以至为学生未来的发展与终身幸福打下基础。

李金池从进入石家庄精英中学的第一天起，便开始精心谋划如何实施激情教育。

一、激情教育第一枪——全校师生放假10天

出任石家庄精英中学校长之后，连续三周的时间，李金池没有召开一次教师和学生大会，甚至平时也一言不发。

不过，细心的人会发现，他几乎一刻不停地在学校里行走并观察与思考着。谁也不知道他葫芦里卖的什么药。不过，绝大多数教师认为，见此"惨局"，他也许像前任校长一样，任其如此发展下去。

其实，李金池是在通过调查，寻找学校落后的内在原因，进而思考如何让石家庄精英中学尽快走出失败的阴影，步入崭新而又明媚的春天。

在李金池上任的第22天，他突然宣布：全校师生放假10天！

这一反常态的放假到底隐藏着什么样的玄机？

"来者不善啊！"有人私下里嘀咕。

放假结束的第二天，在隆重而又庄严的全校师生大会上，李金池大声宣布了他改革学校管理体制和运行机制的决定："原有的职能部门全部裁撤，整体重组；所有的管理干部全部免掉，重新任命；旧有的班级设置全部推倒，重新编排；教师的工作岗位全部调换，重新组合；学生

宿舍全部调整，重新安排；原有的作息时间全部改变，重新设计。"整个校园生活，包括师生食、住、行、学、练等各方面，都要进行全程、全新、全时空的重新设计和整体优化。

李金池的这一决定简直是"天翻地覆慨而慷"！中层干部变了，教师换了，就是上课的教室与学生宿舍也变了。

李金池充满激情地对师生们说，不管是干部的教育管理，还是教师的教育教学，以及学生的学习与生活，都要与死气沉沉诀别。大家要振作起精神，让澎湃的激情天天在校园回响，让教学与学习走进快乐而又大有收获的殿堂。

李金池深知，没有快乐，就没有激情；没有激情，就没有效率；没有效率，就没有成功。

原以为55岁的李金池已经步入暮年，只是在石家庄精英中学有气无力地唱几声挽歌，就会打道回府的。可谁也没有想到，他比年轻教师和青少年学生更有激情，而且简直是激情万丈！

二、激情引燃整个校园——从领导到师生个个激情满怀

也许有人认为，这只是"新官上任三把火"，李金池初露锋芒的激情很可能如闪电般一时划破长空，随即就会归于沉寂。

可事实证明，这种想法实在是大错特错。

从他富有激情地宣布改革的那一天起，到今天，他的激情非但丝毫未减，反而有愈演愈烈之势。

孔子有一段极其精妙的言论："君子之德风，小人之德草，草上之风必偃。"这句话的意思是，上位者的德行是风，老百姓的德行是草，

风吹在草上，草必然随风倒。

我们也不妨如是说，校长的激情是风，师生的激情是草；校长的激情之风席卷而来时，师生的激情也必然燃烧起来。

壮志不已的李金池，每天跟着学生跑早操，和学生一起高呼口号；每天和中层干部、教师到学生宿舍查晚休，就连走起路来也是快速而坚定有力；每天在教室听课，像孩子般欣赏教师激情的导入与演讲；而学生自学与讨论的时候，他也会在一旁默默地观察，在无声中给学生以精神上的鼓励。

教师也喜欢与学生一起参加活动，在活动中，他们觉得自己年轻了很多；而这种年轻的心态又不时地传递到学生的心里，让他们更加富有激情与活力。此外，每次开班会时，教师对学生也是以鼓励为主，培养学生的自信心。

不长时间，人们蓦然发现，不管是副校长和中层干部，还是教师和学生，全都游进了激情荡漾的海洋里，生命从此不再萎靡不振，激情四射与斗志昂扬成了他们生命的主旋律。

全校开展的"十大青年教师希望之星""最富激情备课组"等活动，教师在积极参与的同时，心中的激情之火燃烧得更加热烈了。于是，整个教师队伍摇曳出一种千帆竞发、百舸争流的精神风貌。

如果说"亲其师"才能"信其道"的话，那么，教师的激情也必然会点燃学生的激情。

学生的激情几乎无处无时不在。每天早晨 6 点从集结号吹响的那一刻起，全校学生都会一跃而起，极其迅速地起床、穿衣、叠被、洗漱，

◎ 激情跑操

然后健步如飞地跑向操场，各班集结准备跑操。所有这一切，学生都要在 12 分钟之内完成。

之后，在统一的号角声下，学生开始激情跑操。学生队列整齐，步伐一致，精神抖擞，口号震天。

随后的激情早读，更让人感到那琅琅书声里不乏青少年的英气与豪迈。

上午大课间，仅用 4 分钟时间，全校学生便风一般地集结到操场上激情跑操，有节奏的步伐声与响彻云霄的口号声，汇聚成一曲极富生命张力的交响曲。有时，学校还会进行防火、防震疏散演练。从学生的表现来看，他们并非一群因恐惧而逃亡的乌合之众，而是训练有素又有激情、自信的精英之士。

课堂之上，尤其是展示环节，每一个学生争先恐后地发言，会让你真切地感受到激情与自信双双起舞的曼妙。

李金池每天都沉浸在这种幸福中，尤其是在"高效 6+1"课堂教学模式的展示环节中，学生的群情激奋与争相发言让他不由得热血沸腾。而在生生争辩甚至师生争辩的时候，他又恍若回到了青少年时代，整个心都沸腾起来。上课的教师与全班学生也被这种争辩的激情所感染。于是，"肆无忌惮"的学生，放飞心灵，"指点江山，激扬文字"，在尽情地享受学习带来的快乐的同时，高效便自然而然地降临到他们身上，学习成绩、综合素养不断提升也就成了水到渠成的妙事。

如果你能一睹石家庄精英中学举办的"十大激情班集体""十佳激情班长"等一系列评优活动，激情学子报告会、激情演讲比赛等系列活动，以及每年组织高一年级学生进行的 40 公里远足活动等，你一定会惊诧于学生隐藏于激情之下的坚强意志与巨大潜力，不由自主地发出"后生可畏，焉知来者之不如今也"的慨叹。

由此许多人发出疑问，何以会有如此朝气蓬勃的学生？

这就要求教育者不但要有方法与谋略，更要有无限信任学生的教育理念。一些学校常说以学生为中心，一切为了学生的发展，可往往是有其言而无其行。李金池却不是这样，他让每一个学生清清楚楚地知道，自己是石家庄精英中学的主人，既是课堂学习的主人，也是班级管理的主人。于是，学生心中便有了主人翁意识，从而将激情持久地投入学习与生活之中，而且在这个过程中学会学习并乐于学习，学会生活并享受生活。

石家庄精英中学的激情教育已经成为学校的一种文化。这种学校文化不但有几乎无处不在的激情环境文化、内化于心的制度文化，还包含烙印着石家庄精英中学特色的精神文化。充满激情地工作、学习与生活已经成为石家庄精英中学师生的一种生命自觉。

课改首先反思教的路径

李金池初任石家庄精英中学校长的时候，这所学校的教育教学十分薄弱，如果按传统教学模式教学，休说与名校一争高下，即使勉强维持生存也十分困难，学校最终必然走向衰亡。

对于名校来说，名师与优生是极其重要的元素。而彼时的石家庄精英中学，几乎不会有名师"屈尊"到来，优秀学子也是对其不屑一顾，甚至嗤之以鼻。

李金池对石家庄精英中学的现状进行冷静分析与认真思考之后，认为要想逆风翻盘，必须向课堂进攻。唯有进行课堂教学改革，石家庄精英中学才能从强大"兵力"包围圈中杀出一条血路来，"死里逃生"，以至"浴火重生"。

李金池在全校师生大会上，极其悲壮地喊出了"救亡图存，唯有课改"的口号。

进行课堂教学改革，不仅需要振臂高呼与凌云壮志，还需要寻找到一条行之有效的最佳路径，不然，最终也会无疾而终。

当时，全国课堂教学改革可谓风起云涌，有些学校的课堂改革已初见成效，趋之若鹜的学习取经者更是如大海波涛一样，一浪高过一浪。

未雨绸缪的李金池，在未到石家庄精英中学以前，就已经穿梭于各种各样课堂改革典型的学校的课堂上。

他发现，来自全国各地的狂热的学习者，虽然满腔热情，可更多只是学习到了这些典型的"形"，对其"实"并未进行深入的研究。而对于"实"中的美中不足以及潜在的问题，他们更是视而不见。结果，回到学校照猫画虎地将所学的"经验"在课堂上"实践"一段时间后，他们惊诧地发现，取来的"经"不但在自己的学校水土不服，而且是一部假经，只好在遗憾之时，再走旧路，重新使用传统教学模式教学。

李金池当是这些蜂拥而至的学习者中的一个"另类"。他满怀希望与激情，同时也在细心观察与冷静思考着。

他发现，课堂改革典型的众多学习者，绝大多数是薄弱学校的校长与教师，而名校却对其反应冷淡，漠然置之，有的甚至冷嘲热讽。很多所谓新课改的课堂，充其量只是一种非常规课堂，虽然在转变传统教学模式上大声叫喊甚至拼命厮杀，可一味盲目而行，根本无法登临真正新课改的大雅之堂。不少学校只是炒作概念，玩弄花样，在新课改浪潮中浮夸而造作地大叫几声，显示自己也是这一改革的弄潮儿罢了。

要而言之，真真正正搞课堂教学改革者少之又少，随波逐流与炒作概念者却比比皆是。即使有成功者，也多是小学与初中学校，真正成功的高中学校则是"几稀矣"。

李金池是这一系列假象的批判者，也是乱象中的真正学习者。在众说纷纭中，他将心安定下来。恰如《大学》所言："安而后能虑，虑而后能得。"正是在杂草丛生的全国课堂教学改革荒野中，有时他会惊奇地看到一株有可能走向成功的弱小的禾苗在无声地摇头晃脑。他小心翼翼地将其移植到自己即将实施的课堂教学改革的田野里，重新浇水、施肥，让其在自己的精心培育下茁壮成长起来。

就这样，在石家庄精英中学这片课堂教学改革的田野里，李金池移植来一株又一株新苗，对它们进行培育，然后大胆而又科学地进行创新与嫁接。

于是，"高效6+1"课堂教学模式应运而生！

李金池真诚而又谦虚地说，这种"高效6+1"课堂教学模式是集众家之长于一身、熔各地精华于一炉的结晶，它体用上海，头取江苏，臂采山东，脑借陕西，源溯衡水，魂定"精中"。

显然，李金池是在对各地课堂教学模式反复比较与研究，去粗取精、去伪存真、扬长避短的基础上创立的这种课堂模式。同时，李金池大胆的创新、非凡的智慧，又给"高效6+1"课堂教学模式注入了无限的生机与活力：一是课堂教学模式创新——课改元素重组；二是教学流程设计创新——创新流程设计；三是课堂导学设计创新——创立导学提纲；四是课堂教学规范创新——创新课堂形态；五是课后应用练习创新——创立用练常规。

所以，这一烙印着李金池学习取经痕迹而又蕴含更多创新因子的"高效6+1"课堂教学模式，从其诞生之日起，就预示了石家庄精英中学这片课堂教学改革的田野上，定将花开满园，硕果累累。

不过，一提到课堂教学模式，有的人也许认为这是一种僵化的教学框架。其实，凡事不能一概而论，好的课堂教学模式则会给教师提供一种课堂架构和教学操作流程，或者说是一种必需的教学范式。

对于石家庄精英中学，这种范式尤为重要。唯有如此，才能把籍贯地域不同、教学风格不同、年龄水平不同、志趣传承不同的教师群体在教学上统一起来。否则，"一人一把号，各吹各的调"，教学工作根本无法组织。而建构一种优质的课堂教学模式，则可以把复杂的问题简单化，让晦涩的理念实操化，还可以让教学实操流程化，从而使一线教师快速地进入新课堂的轨道，一举改变旧的课堂面貌，彻底解决教师满堂讲的问题。

从这种意义上来讲，建构一种科学的课堂教学模式不仅没有什么不好，反而是快速推进课堂教学改革的必由之路。

创立独特的高效课堂

"高效 6+1"课堂教学模式由两部分组成：第一部分是高效这一模式中的"6"，在课堂中进行，包括"导、思、议、展、评、检"六个环节；第二部分的"1"，谓之"用"，在课后的自习中进行。这样，每项教学内容的教学流程都有七个环节，即"导、思、议、展、评、检、用"。

一、"高效 6+1"课堂教学模式

1."导"——课堂起点

"导"包括"导入"和"导学"两个部分。上课伊始，教师用简洁明快的语言，借助一定的媒介，如图片、视频等，实现旧知识向新知识的"导入"，旨在激发学生学习新知识的兴趣。"导入"之后，便是"导学"，教师简明扼要地向学生说明新课的学习目标、学习内容和需要解

决的问题，以及一些注意事项。这些"导学"内容，都是根据课程标准、教材内容以及学生的认知水平，在级部备课组长的组织下，经该学科的所有教师商量、斟酌后完成的。

"导学"可以起到"一箭三雕"的作用：一是让学生心有目标与方向，以防缘木求鱼、背道而驰或绕道而行；二是让学生关注核心内容与重要问题，以防本末倒置、避重就轻；三是让学生关注容易忽略的事项或问题，以防挂一漏万或误入歧途。

这一环节是课堂教学的起点，也是关键点。此"点"出错，则有可能出现全盘皆输的后果。

2."思"——自读深思

这是一个学生自主学习的环节，但不是放任自流地学，而是在教师发放的《课堂导学提纲》的引领下，学生认真研读教材文本，独立思考，深入钻研，自己解决教师提出的需要解决的问题。

《课堂导学提纲》"导学"得非常具体，每一"导学"环节都是对应着学习目标的某个点设计的，并且都有明确的标识，甚至标明对应的是课本第几页第几个问题。学生还可以运用《课堂导学提纲》上面提供的测试题对所学效果进行自我测评。学生依纲而学，既不会走弯路，也不会走"捷径"，从而保证了自学的效率与质量。

在整个"思"的环节，教师不讲一句话，就如《学记》上所说的"时观而弗语"，目的是"存其心也"，以免干扰学生思考。不过，教师虽然"弗语"，却在默默地用心观察、关注每一个学生的学习状态，敏锐地抓住不同学生独学之"思"的特点，深入了解，准确把握，以便在后面"评"

的环节做到"言必有中",从而让学生之"思"更具张力。

"思"好是"议"好的基础和前提,没有个人深入的思考和质疑,就不会有随后"议"环节中合作学习的精彩,也不会有真正意义上的思想碰撞。

李金池对笔者说,《课堂导学提纲》是"高效6+1"课堂不可或缺的配套资料,也是学校在推进"高效6+1"课堂教学改革中的一项教学微创新。

3."议"——合作学习

这个环节包括两个方面:一是两两合作,互帮互学;二是小组讨论问题,解决自学中的疑难。讨论分先后两个部分:第一个部分,讨论教师提前预设的问题,要求学生快速看清屏幕上教师指导的讨论关键点,然后开始讨论;第二个部分,讨论学生在自学过程中产生的疑惑和小组讨论过程中产生的新问题。小组讨论有一个规则:先是两人一组进行讨论,把批注的大部分疑难问题解决;解决不了的问题,再扩展为四人或六人小组进行讨论;小组解决不了的问题,则由学生记录下来。

讨论时,教师要求学生要有时间意识,不能在争辩中让时间随意流逝,不能达成共识的,留到展示环节全班交流时解决。

讨论让学生变得兴奋不已,不同的思维向度被打开。本来对某个问题疑惑不解的学生,往往在讨论中有一种豁然开朗的感觉。有的时候,学生彼此之间还会产生不同的看法,进而展开辩论。于是,课堂上,"有弗辨,辨之弗明,弗措也"的思想碰撞高潮迭起,甚至让学生的思维与情感双双抵达巅峰状态,进而与灵感不期而遇,学习也就步入高效的天地。

◎ "高效6+1"课堂教学模式——"议"

4. "展"——激情展示

在展示环节，学生代表个人或小组，以口头表述或到黑板上板演的形式展示其学习成果和问题。成果展示，不但可以增强学生的自信心与自豪感，还可以达到资源共享的目的，进而让其他学生也产生共享成果的心理驱动。问题展示，则可以最大限度地暴露学生自学和讨论中存在的疑点、误点和盲点，然后让全班学生"八仙过海，各显神通"，"群起而攻之"，从而获取更多的解决问题的方法和思路。

在这一环节中，教师在学生面前要善于守拙，有意示弱，甘当"忍者"，不要抢学生的风头，也不要急于告诉学生答案；而是通过对学生的诱导、激赏、肯定，启发和鼓励他们大胆地质疑、挑战、补充、完善。于是，学生展示的激情一浪高过一浪。

处在中学时代的学生正值风华正茂、激扬文字之时，而有些学校的学生在课堂上却无精打采、暮气沉沉。可进入石家庄精英中学的课堂，你会看到学生个个激情满怀、斗志昂扬，精神也会为之一振。对于他们来说，学习不再是负担，课堂也变成了他们指点江山的战场。于是，学生充满灵性的生命迸射出耀眼的光芒。在这种状态下，学生不但实现了高效率的学习，而且还生出"欲与天公试比高"的雄心壮志。

5. "评"——点评精讲

李金池说，"思""议""展""评"四个环节在逻辑上有一种递进关系。就像打仗一样，前三个环节是一个一步一步地缩小包围圈的过程。到了"评"这一环节，就该打扫战场了。教师要告诉学生这节课我们消灭了多少"敌人"，抓获了多少"俘虏"，是用什么方法消灭的，是用什么方法抓获的，还有哪些方法可以抓获得更多。因此，在这一环节，教师不需要做到面面俱到，也不用对具体的知识点进行重复讲解；只需要画龙点睛地讲知识框架和规律方法，并且尽可能地做到"其言也，约而达，微而臧，罕譬而喻"。

6. "检"——检测反馈

这个环节主要是在教师的引导下，由学生对当堂所学内容进行整体回顾、反刍内化和自我检测，最后再由教师对学生当堂所学内容进行抽查提问，或通过小条的形式进行检测。这样一来，一方面，可以检测每位学生是否都达到了当堂教学目标，做到"堂堂清"；另一方面，引导学生通过练习把知识转化为解决实际问题的能力，巩固和强化本节课重、难点。这既需要教师在课前准备时就有前瞻性的眼光，也需要教师在课堂上有发现学生学习某个环节时出现问题的慧眼，从而让更多学生通过这个环节的检查，达到"温故而知新"的目的。

"导""思""议""展""评""检"六个环节依次进行，是按照学生认知发展规律设计的，它体现的是一个由浅入深、循序渐进的知识学习过程，符合教与学的规律，使得学生在课堂上学得快、记得牢。

另外，"高效 6+1"课堂教学模式，各个教学环节的连环设计做到了泾渭分明，能够有效地避免长时间单一刺激给学生大脑造成的疲劳，从而确保了学生在课堂上保持持续兴奋状态，不走神。因此，这一课堂教学模式能够促使课堂学习变得高效。

7. "用"——迁移运用

这个环节是学生完成学习任务的最后环节，一般利用每天下午和晚上的自习课进行，主要是对学生当天所学内容进行应用性练习，从而达到巩固迁移、学以致用的目的。教师根据当天课堂所学内容给学生出题目，给出一些数据，列出一些条件，提出一些要求，要求学生自己动脑动手得出结论、找到答案。这不就是应用吗？同时，这个环节也是"练"，而且要求学生"限时练"。它不是传统意义上的课外作业，因为传统作业至少有三个弊端：一是加重了学生的课外学业负担；二是个别学生的作业是抄录而来的；三是写作业时，有的学生边玩边做，磨磨蹭蹭，效率不高。这种"限时练"不但有效地解决了以上三个弊端，而且还在无形中把"限时练"变成了"限时考"。因为全班同学都在教室集体做作业，而且教师会按时收作业，所以大家只有集中精力、全力以赴，才能按时完成作业。久而久之，这种"快节奏"做作业的方式便成为一种习惯，再到考试的时候，学生便觉得跟平时的"限时练"一样，不但不紧张了，而且提高了做题的速度和质量。

李金池说，"用"虽然只是七个环节之一，但被放在了教学跷跷板的一端，有着"两分天下有其一"的地位，在学生成绩的提高上也发挥着"四两拨千斤"的作用。

"用"这一环节既是迁移运用，又是复习巩固。学习是为了应用，在应用中又可巩固所学；学习很重要，但如果不及时复习，学习的新知识就会很快忘却。所以，"用"的加强对于教学效率的提高具有非常重要的作用。

笔者曾先后两次前往石家庄精英中学采访，在与李金池及其他教师的交流中，笔者愈发觉得李金池的智慧与境界是绝非常人能有的。他构建的"高效6+1"课堂与"三备两研"，是他用几十年教育教学经验培育出的智慧果实，不但是让石家庄精英中学起死回生的妙术，而且其他学校将它"拿来"为己所用时，也可以实现重大的突破。他攻破的这一项教育教学核心技术，堪称无价。更可贵的是，他将这一核心技术无偿地教给从全国各地到石家庄精英中学考察学习的人。因为在他看来，石家庄精英中学既然能崛起，全国和石家庄精英中学之前一样的薄弱学校也应当绝地重生，破茧成蝶。这让笔者感慨万千。此外，一所薄弱学校之所以能创造重大奇迹，除了智慧与技术之外，还要有人格与境界的支撑；不然，学校即使一时兴旺，最终也必然"货悖而入者，亦悖而出"。从这个意义上说，可谓是"有道无术，术尚可求也；有术无道，止于术"。这给络绎不绝前来考察学习者一个启示：欲取其真经，除了学习其技术之外，还要学习李金池那样的大胸怀、大格局与大境界。

二、课改模式在于适合

李金池认为,"高效 6+1"课堂在颠覆旧的课堂秩序的基础上,创立了一系列新的课堂规则和课堂规范。新的课堂规范对每一个教学环节大致需要多少时间、教师如何做、学生如何动都做了十分明确而具体的要求,这些都对课堂的高效进行起到了保障作用。此外,这些规则、规范还起到了细化课堂管理的作用,有效地解决了传统课堂上教师时常跑题和进度慢的问题,减少了课堂教学的随意性。这一模式既适合文科教学,也适合理科教学;既适合新授课,也适合复习课;既适合高中,也适合初中;既适合低端生源学校,也适合高端生源学校。

有专家称,这种形态规范、易于操作、适用面宽、朴实无华的课堂教学模式,不但为石家庄精英中学迅速崛起提供了有力的支撑,也为来自全国各地的考察学习者提供了学而可用、用而有效的经验。

而让李金池更加高兴的是,"高效 6+1"课堂教学模式在全面提升学生的素质和能力的同时,已经在开始尝试回答"钱学森之问"。

李金池当初创立"高效 6+1"课堂教学模式的时候,主要是想找到一种"神器",以便让学校快速地杀出重围,摆脱生存危机,存活下来。之后,石家庄精英中学不但存活了下来,而且很快绝地重生,呈现出英姿勃发的态势,出人意料地成为全国瞩目的名校。

而现在,石家庄精英中学已来到转折时期,李金池关注的重心也逐渐转移到了"高效 6+1"课堂的终极追求上来,那就是要响亮地回答"钱学森之问"——为什么我们的学校总是培养不出杰出的科技创新人才?

对于"钱学森之问",有些教育工作者总是从体制与文化层面寻找原因，认为那是一道难以逾越的鸿沟。

李金池认为，我们更应当从教育自身探寻原因，尤其要从课堂教学上追根溯源。

他认为，杰出人才一般都具备如下优秀品质：第一，主动进取，积极向上；第二，自信满满，激情洋溢；第三，博览群书，广泛涉猎；第四，独立思考，勇于质疑；第五，具有超强的学习能力。

可是，这些优秀品质很多时候却在与应试教育配套的传统课堂上被无情压抑甚至扼杀了。

主动进取和积极向上当是学生的天性，如果教师能在课堂教学中激发出学生的这种天性，那么学生在学习上定会持续不断地放射出奇异的光彩，并走向更加成功的道路。可是，传统课堂日复一日地磨灭了学生的这一天性，以致让学生失去了学习的自信心，意志也日渐消沉。

自信满满和激情洋溢本应是青少年的"专利"，可传统课堂将此"专利"无情地剥夺之后，无视学生心理发展的正常需求，束缚了学生学习的积极性、主动性和创造性的发挥。

古人主张厚积薄发，博览群书和广泛涉猎为之提供了最佳的路径。可是，传统课堂是以课本为本的，即使原本非常短小而简单的白话文，教师也要掘地三尺地大讲特讲，结果就让学生处在了"你不讲我还明白，你越讲我越糊涂"的尴尬境地。

传统课堂是以知识传授为主和以教师为本的课堂，学生只是知识的"接收器"；独立思考和勇于质疑的学生会被有的教师视为另类，甚至被教师无情地打压。久而久之，学生也就接受了这种压制，甚至习惯了这种压制，最终与独立思考和勇于质疑诀别。

自主学习能力的形成需要教师的指导与引导，更需要学生学会学习，善于学习。可是，传统课堂却没有为学生提供掌握这种能力的可能。因为有的教师没有培养学生自主学习的能力，甚至连这种想法都没有。

李金池洞悉传统课堂这一系列的弊端，并用"高效 6+1"课堂破解了这些问题。学生在课堂上神采飞扬的学习景象，不但让他们取得了极好的考试成绩，还让他们具备了走向成功的品质。从这个意义上说，学生当下在高考时取得的辉煌，只是其人生的一个起点，李金池更看重的是学生的未来。对此，他充满无限的信心。每逢想到这些，他都会兴奋不已，而美好的期待也在他的心里摇曳起来。

将管理精细化

李金池刚到石家庄精英中学的时候，就提出了他的"三箭齐发"的办学方略——激情教育、高效课堂和精细管理。如果前两者是学校快速崛起的前提与关键的话，精细管理则是其有力的保障。

一、细化干部教育管理

老子说："天下大事，必作于细。"李金池绝对是一位做大事者，而其对干部的细化管理，无疑是其走向成功的百花园里的另一朵芬芳四溢的花朵。

1."唯一首长负责制"

目前，有些学校为了激发更多教师教学的积极性，便从教师中提拔不少干部，于是就有了为数众多的副校长和中层干部。其用意也善，可其结果也惨。这些上任的"官"们，都认为自己应当有权，暗中争斗便悄然而起，可等真正出现问题需要承担责任的时候，他们又多是唯恐避之不及。

李金池见多了这种推诿扯皮的场面，决定"重整山河"，在设计处室、职能分工时，实施"唯一首长负责制"：一个部门一个主任，仅配 1~2 名干事。唯一首长就是唯一责任人，但绝对不是"官"，虽然名为"首长"，却要和其他教师一样"战斗"在一线。不管哪个部门的人员，只要一心一意干好工作，便会得到大家的认可，受到学校的表彰；否则，便无立足之地，以致羞愧难当地离岗而去。于是，人与人之间的关系变得极其简约，工作的高效与友好的同事关系便自然而然地共同奏出了和谐的乐章。

2. 干部"六必到"与"六个一"

心情舒畅与主动意识，无疑是干部干好工作的重要因素。可如果没有相应的细节管理规定，有时也有可能出现疏漏甚至较大的问题。所以，就有了"细节决定成败"的至理名言。石家庄精英中学干部的"六必到"与"六个一"，则闪烁出了细节管理的美妙光芒。

学校要求干部每三天一轮总值班，并在行政办公楼门口挂牌公示每天值班干部的姓名，而且明文规定干部值班要做到"六必到"：早操时间必在师生之前到达操场，早饭时间必到学生最拥堵的餐厅巡视，午餐时间必到餐厅、教室检查，午休起床和午诵时必到学生最集中的地方，晚自习必到各班巡查，晚休就寝时在学生宿舍必须待到 23 点 20 分。

干部这涉及六个重要时段与地点的"六必到",不但彰显了他们的责任心,也给师生树立了榜样。所以,师生的"不令而行"也就成了石家庄精英中学一道美妙的风景。

"六个一"活动,要求所有一线教师之外的干部:每天要跟一位教师交流,每天要跟一位学生交流,每天要发现一个问题,每天要发现一个亮点,每周要参加一次教研活动,每周要参加一次评课。

"六个一"活动,让广大师生每天都感到学校干部就在他们身边,学校干部的心亦在他们那里。所以,师生遇到困难或疑惑时,很快便得到帮助。而学校干部也因受到师生信任而感到心情愉悦。

由此可见,石家庄精英中学的硬性规定里还有着人文意蕴的音符在跳跃。这种将制度规定悄然升华为文化的智慧,让石家庄精英中学拥有了强大的生命张力。

二、教师"三备两研"管理

《周易》有言:"二人同心,其利断金;同心之言,其臭如兰。"石家庄精英中学的"三备两研",便将《周易》中这一哲言的光芒照耀到每一位教师的身上。"高效6+1"课堂,功夫在课前,关键是研备,李金池将其称作"三备两研",即教师在每次上课前都要经过分头独立初备、集体研备、个人复备三道工序,是为"三备";每一节课的集体研备又分初研和二研两次进行,是为"两研"。

为规范和细化"三备两研",李金池专门制定文件并下发到每个教师手中。笔者在翻阅该文件时发现,石家庄精英中学对备课环节进行的精细规范,简直到了令人难以置信的程度。下面是该文件的部分内容,从中可以看到石家庄精英中学精细管理的一角：

所谓分头独立初备，任课教师须提前数天进行。初备时要认真钻研教材，学习课程标准及其相匹配的教辅资料，分析学情，并在此基础上撰写出《初备手稿》。撰写手稿时必须亲笔，不得打印，而且还要一式两份。

集体研备无论初研还是二研，都要分环节、按顺序进行。每个环节组员均按先新教师后老教师的顺序发言（组长也可视情况无规律地安排跳号发言）。教师发言时要语言准确简练，条理和层次清楚，前面教师说过的内容后面发言的教师不能重复，别人发言时不插话，最后备课组长对大家的发言进行归纳总结。

个人复备是指教师在初备基础上，根据"两研"成果，对整个教学设计进行精细化的加工和提升，并于上课前完成。其中须完成两项任务：一是对《初备手稿》进行实质性大修大改，修改部分要使用红色笔书写，不能简单地勾画了事；二是结合任教班级的学情和个人风格，对《课堂导学提纲》和教学课件进行个性化的修改、创新和完善，使之更加贴合教学实际。

教师上课结束后，将用完的《复备手稿》和《课堂导学提纲》按序装订成册，作为个人业务成长记录保留。

大智慧者必成大事

有了激情教育、高效课堂和精细管理等办学方略，石家庄精英中学是不是就真的崛起，以至"战绩"辉煌了呢？事实胜于雄辩。

笔者无须将其"战绩"一一列出，仅就以下五个"战场"的战况略作叙说，就足以让广大读者在对石家庄精英中学惊叹不已的时候，不由自主地升起一种敬仰之情。

"战场"一：2012~2018年应届本一纯文理上线人数、上线率不断增加。

从2012年4人上线，上线率1.44%，到2018年1940人上线，上线率91.6%，石家庄精英中学变化如此神速，简直让人难以置信，可这又是一个铁的事实。

同时，笔者从2018年高考成绩单上又高兴地看到石家庄精英中学斩获了多个"第一"的佳绩：

应届生本一纯文理上线1940人，位居石家庄第一，再次刷新石家庄本一上线最高纪录。本一上线率为91.6%。

应届文理考生，达到600分以上者共1131人，位居石家庄第一。

郭家萌同学以707分的高考成绩夺得河北省文科状元。

值得一提的是，郭家萌同学不仅是2018年高考河北省文科状元，而且是2018年全国Ⅰ卷十省文科总分第一名；另外，郭家萌同学还是第一位从血统纯正的民办学校走出的省状元、第一位从中考非尖子生中考出的省状元。

可回想李金池初到石家庄精英中学任校长时这所学校的"惨状",那时人们即使如何展开大胆的想象,也不会想到这所学校会有今天的盛况。

当时有人说,李金池即使有翻江倒海的神力,也不可能让石家庄精英中学逆势崛起!

可李金池不但让石家庄精英中学"死而复生",而且还让其焕发出了勃勃的生机。因为他初到石家庄精英中学时,就坚定不移地实施"三箭齐发"的办学方略——激情教育、高效课堂和精细管理,学校很快聚合起一个巨大无比的生命能量场域,这自然而然地催生了学生高考成绩的飙升。

这一切需要的不只是胆识与气魄,更需要超人的智慧。

有大智慧者,必成大事,必能从一般人认为的不可能中创造出诸多可能。

"战场"二:全国各地教育同仁纷至沓来,石家庄精英中学的办学经验在全国很多学校生根、开花、结果。

据不完全统计,自2013年以来,来自全国29个省市自治区的约18万教育工作者前来石家庄精英中学参观学习,平均每天就有100多人带着好奇与学习之心专程赶来。

"己欲立而立人,己欲达而达人"的李金池,毫不保留地将石家庄精英中学的办学经验传授给大家,让他们学成而归后,将这些经验用于自己学校的教育教学中。于是,"高效6+1"课堂教学模式便在豫、川、鲁、晋、云、粤、渝等地落地生根,有的已经开出了灿烂的花朵,结出了诱人的果实。

"战场"三：进军全国高中强校方阵。

2017年12月，石家庄精英中学被全国教育教学质量综合评价委员会评为"中国高中50强"。

2018年1月，石家庄精英中学"高效6+1"课堂被《中国教育报》、中国教育新闻网评选为"第五届全国教育改革创新典型案例"，荣获"教学改革优秀成果奖"。

一所学校被权威部门认可并获奖，不仅需要非常好的高考成绩，而且需要学生素质的全面提升。

"战场"四：中央电视台《我们这五年》隆重报道石家庄精英中学追梦的故事。

2017年国庆节假期期间，中央电视台播出大型纪录片《我们这五年》，其中一集以高考为背景，介绍了石家庄精英中学师生自强不息、逆势崛起的奋斗历程。它给无数薄弱学校以启示，要想改变现状，除了

◎ 2023年高考李金池与送考教师们的合影

学习他人经验之外，更要懂得一个道理："从来就没有什么救世主，出成绩全靠我们自己。"同时，这还需要一个有着高境界与大智慧的校长做学校发展的掌舵手。从这个意义上来说，中国教育需要更多的"李金池"。可是，第二个、第三个以及更多的"李金池"不会凭空出世，这就需要广大校长要有舍我其谁的担当意识、面向未来的高远志向、精进不休的自我完善意识、坚持不懈的探索精神以及透过纷繁万象看透本质且又有自身思路的大智慧。因此，其他薄弱学校要想像石家庄精英中学那样在绝境中突围与重生，真的是任重而道远。但这也并非遥不可及，如果真能取得李金池的真经，且一如既往地行走下去，理想之花也一定会绽放。

"战场"五：石家庄精英中学挺进邢台开办分校。

邢台市人民政府为加快本市基础教育发展，邀请石家庄精英中学进驻邢台市办分校，分校校名定为"邢台精英中学"。

2018年6月30日，邢台市教育局、河北精英伟业文化艺术有限公司、石家庄精英中学联合举行邢台精英中学项目签约仪式。

这无疑成为石家庄精英中学发展史上的又一座里程碑，它开启了其异地高端办学、跨越式发展的新篇章。

李金池将如何让这所硬件强、师资好的新校从诞生之日起就卓尔不群，自然成了人们关注的问题。而当人们问起李金池有何新的治校方略的时候，他只是微微一笑。

他之所以"言之不出"，是因为"耻躬之不逮也"。其实，"讷于言而敏于行"的他，早已成竹在胸，谋划好了这所新校的发展大局。

如今，这所学校已展现出其独特而又绚丽的风采。

慧心育桃李　激情铸华章
——天津市耀华中学精彩回放

走进天津市耀华中学（以下简称"耀华"），几乎无处不是令人感动的风景，笔者恍若跟着摄像机镜头在移动：先是校史馆、全体会、风采墙，再是周恩来班、拓展课程……在这些镜头中，有校长厚重思想的光华，也有教师激昂进取的精神，还有学生执着求索的脚步。而笔者和任奕奕校长的即兴对话，则试图回放耀华的精彩，以期给读者更多的启示。

镜头之一：全体会——教教相长

任奕奕：在耀华教师中间流传着一个与中央电视台《我要上春晚》节目相仿的说法——我要上全体会。全体会作为教职工全员参与的活动，在学校文化建设中发挥着重要作用，但如果全体会始终都是"领导一人讲，教师全体听"的灌输模式，全体会便难以成为将教师愿景与学校目标相统一的载体。我们力图将全体会的话语权交给教师，让它成为教师凝心聚力、分享智慧、提升理念的舞台。

三年间，耀华的全体会已经开展了多项特色活动，汇集成了一本厚重的"书"："年度最喜爱教师"颁奖会，"卅载春秋桃李意，心系杏坛耀华情"老教师风采录，"在体验中成长，在感悟中升华"德育活动展示，"初为人师，一展风采"新教师汇报会，"砥砺共勉，任重道远"青年教师出师会，"学校文化在我心中"以及学期末的"向全体耀华人致敬"……每一次全体会，发言、主持和宣讲的主角都是来自同一个校本学习型组织的教师。作为校长，我每年仅是在学期开学初向大家汇报自己的一些想法，最近几次全体会我的发言是："让耀华学校做得更好""学校应当成为育人的学习共同体""弘扬正气，凝聚团队，专心致志，注重效果"……

全体会让教职工在高品质的学习活动中进行着深度互动和反思性对话，从而形成了一个更紧密的校本学习型共同体。这个过程产生了新的能量建构，日复一日、年复一年，学校的能量建构不停地得到补充和积累，

◎ 天津市耀华中学

学校势必就会走上朝气蓬勃的质量提升之路。

陶继新：你们的全体会堪称一个教育品牌，这与您的管理观念有关。在您看来，全体会是以教师为主体的会议，主人就应当是他们，那么主讲也就应当是他们。这种信任感会让教师真切地感到自己就是学校的主人。当有了这种意识之后，教师就会为在这样的场合展示自己而进行全力以赴的准备。这样一来，他们才能胸有成竹地在全体会上讲话，才能有精彩纷呈的表现。这会在这些教师心里积淀下一笔丰厚的精神财富，于是，他们会更加自信、更加努力地教学。而那些没有在全体会上讲过话的教师，也会跃跃欲试，争取机会展示自己的能力与水平。其实，人人都有展示的欲望，只不过有的校长将教师的这种欲望给压制了而已，有的教师甚至认为在全体会上讲话是校长的专利，与自己毫无关系。可是，这样一来，教师心中就会产生一种消极情绪，那就是我不是学校的主人，我只是被管理者。这种消极情绪还会迁移到平时的教育教学工作中。当没有了主动性与积极性之后，教师就会在无形中滋生出倦怠情绪，甚至会对学校产生不好的印象。更可怕的是，教师还会将这种情绪有意无意地传递到学生那里，从而影响他们的成长与学习。

任奕奕：陶老师，您说得对。我总觉得校长其实首先是所有教师的学生，在这种心态下校长才能逐渐地在某一方面成为教师的"教师"。每次开这样的全体会，我都会认真地"听"，心怀欣赏地"学"，会后还要深入地"想"、积极地"做"。在平时，校长不太可能对所有的工作都能逐一地听取汇报、检查落实，但是在这样的全体会上，大家都把最有效果的工作方法、最值得反思的工作教训真实地、有说服力地展现出来，这就是最好的工作汇报，而且是对后续工作最好的督促和动员。同时，每一位教师任教的年级不同、班级不同，面对的学生认知结构和培养目标也不同，因此也不可能把所有的教育工作都了解到极致，但是耀华的全体会使得教师以做学生的心态学习同侪的经验，然后将这些经验创造性地运用到工作中，进而生成新的经验。

学校是促进学生心智成熟、教师成长的地方，应是大海，而非养鱼池，师生应是空中的鹰而非笼中的鸟。全体会让教师在共同的实践中相互影响，从而让他们增加学养，增长智慧，志向随之清晰、气度随之宏大起来，在会学习、会共享的学习型团队中，在共同的执着求索中成长起来。

陶继新：正是因为认真地"听"，您才能够从教师所讲中了解到更多的信息，感受到耀华蒸蒸日上的气象。同时，这也是对教师的欣赏与尊重，他们也才能从您那里感受到您的真诚与信任。于是，教师心里便会生成一种积极向上的力量，感到在耀华工作是幸福的。您心怀欣赏地"学"有谦虚之美。《周易》有言："有大者不可盈，故受之以谦。"您从教师岗位一路走来，身为校长之后，并没有将自己置身于教师之上，而是真诚地向他们学习。孔子说："好学近乎知。"您向教师学习，不但没有降低自己的身份，相反，还会使自己更具智慧。您深入地"想"同样重要，所谓"学而不思则罔"，正是通过"想"，您才能汲取教师所讲内容的精妙之处，才能生成学校发展的思路。积极地"做"是最终目的。没有"做"，前面的所有一切都将失去意义。其实，所有的大教育家，除了具有非常高的理论水平外，还特别注重"做"，如孔子、孟子、王阳明、陶行知、叶圣陶以及苏霍姆林斯基等，他们一直都在"做"。

没有"做",再多的理论都会成为空中楼阁,失去价值。在"做"中,您会发现新的美景,也会发现新的问题。也是在"做"中,您会让美景更美,也会让问题逐一得到解决。我想,这恐怕是每一位名校校长必须行走的教育历程吧。

镜头之二:风采墙——身正为范

任奕奕:在耀华,有这样一面独特的墙,名为"耀华教师风采墙"。凡教龄满 20 年者,其照片以及发自内心的教学感悟,都会荣登其上。没有级别之分,也无须华美装饰,这面墙从它出现的那一天起,就成为耀华校园里最具人气的地方之一。学生合影留念要以此为背景,毕业生回校要先来此拍照,领导视察工作时也聚集在此体味耀华教师的教育心声。"耀华教师风采墙"上写满了教师的教学感悟:"德行为上,学品至真""教学的艺术在于激励、唤醒、鼓舞""每次进步都是在写自己的历史""把简单的事做彻底,把平凡的事做经典""勤勉砺书卷教学相长,爱心育桃李杏坛芬芳""且行且珍惜""教学必须先'合格',再追求'风格'""阅读,省思,正德,分寸"……句句箴言,彰显着教师对教学的赤诚热爱,书写着耀华人对教育的执着求索。

陶继新:"耀华教师风采墙"让教师的风采尽显!教师为了充分显示风采,不但要将自己最好的形象展示出来,还要将自己的教学感悟留下。您刚才说的那些经典话语真是太精妙了!正所谓言为心声,言的背后有教师的教学理念,更有教师与之呼应的行动。孔子说:"力行近乎仁。"可见，没有行，何有仁？继而，没有行，何有信？看来，教师的这些教学感悟化作文字的同时，也成了他们自身努力的一种见证。其他教师和学生，不但会听其言，而且还会观其行。这些知行合一的教师也就在学生中树立了真正的威信。于是，就有了您上面说的学生以此为背景合影留念的画面。在这种留念中，学生会因自己有这样优秀的老师而感到自豪，也会用教师的精神品质勉励自己。因此，这面墙就有了文化，有了思想，成了耀华一道亮丽的人文风景。

镜头之三：搭舞台——培育英才

任奕奕：耀华有不少名师大家，也有许多刚刚走上教师岗位的年轻人。我们认为，教师队伍建设是教育工作中具有战略意义的基础工程。为此，耀华成立了君达教师学校，开展系统的教师培训。

君达教师学校是用耀华第三任校长赵天麟先生的字来命名的。学校引导青年教师做"个人发展规划"，在参加工作不足三年的青年教师中开展构建"芝麻开门"个人教育资源库的活动。为了给青年教师搭建展示和锻炼自我的平台，学校对每年新进校的大学生进行"职前培训"，第一个学年的第一学期末进行"初为人师一展风采"汇报，第三个学年结束时召开"小荷才露尖尖角"青年教师出师汇报会。学校还定期举办教龄 1～5 年的青年教师教学基本功考核，并组织青年教师赛课活动。

君达教师学校的培训思路和架构可以用"三格三环三维"来表述。一是搭建"三格"层次——新教师的入格培养、青年教师的升格培养、

◎ 天津市耀华中学国际部

骨干教师的风格培养；二是铺设前进的"三环"道路——以教学基本功为方向的外环路、以教学策略为方向的中环路、以教学思想为方向的内环路；三是提供发展的"三维"空间——理论、理念的学习空间，教育、教学的实践空间，才华特长的展示空间。

陶继新：每一位教师都有发展的需求，都有成长的潜能。学校满足这种需求，开发这种潜能，就会让教师更好更快地成长。当教师不断成长，且从中感受到幸福的时候，他们就有了进一步发展的动力。发展越快，动力越大；动力越大，发展也就越快。这种良性循环，会让更多的教师在教育教学上创造奇迹，也会让他们更热爱教育，更热爱学生。越来越多的教师有了这种上进的热情后，学生成长的步伐也会越来越快，学校也会发展得越来越好。

不同的教师，会有不同的发展趋势。有的发展得慢一些，有的发展得快一些；有的在这方面异军突起，有的在那方面崭露头角。所以，每一位教师还要制定符合自己教育生命成长特点的成长规划书。对于教师来说，有发展目标与没有发展目标是不一样的，有行动与没行动是不一样的，有发展平台与没有发展平台也是不一样的。你们让每一位教师都有了规划，也为他们提供了发展平台，于是，每一位教师的发展也就有了水到渠成之势。

镜头之四：德为魂——不负重托

任奕奕：我们选择了教师这个职业，其实也就选择了一条终身求索的道路。这不仅基于受过高等教育的教师的本能需求，更基于承担育人大任的教师的职业精神。我们选择教师这个职业，不仅是从学生时代走向工作岗位的生存需要，更是为了承担起"担当国运、不负重托"的教育责任。这也标志着我们承接了"视生胜子，关爱负责"的人生使命，选择了"终生奋斗、不懈求索、树人立德"的工作追求。

陶继新：您所说的"担当国运、不负重托"的教育责任，折射出了耀华教师的人生境界。教师有了远大的目标、宏大的志向之后，就会在其选择的事业道路上矢志不移地走下去，并会取得比较理想的成绩。而学生也会从教师那里汲取生命的能量，从小立下大志，努力学习，走向更美好的未来。

特别喜欢耀华"勤朴忠诚"这一校训。没有"勤"，就不可能"成"，正所谓"业精于勤"也。学生最终能不能学有所成，往往不在于他们智力上的差异，而是由勤与不勤决定的。"朴"很有精神品位，"见素抱朴",才能"少私寡欲",才能在精神上有更大的追求。古人谈的"忠",有的时候,不但有忠诚之意,也有尽力的意思。一位优秀的教师,不应三心二意地教学,而应全心全意地教学。"诚"是一个人的必备品质。《中庸》有言:"诚者,天之道也;诚之者,人之道也。"而且还说:"不诚无物。"而教师的"诚"有着一种自然之美,即"如恶恶臭,如好好色"。这种品质也会影响到学生,从而让他们也具备这种美好的品质。

镜头之五:课堂中——变与不变

任奕奕:当今的教育改革不是在教育思想的废墟上重建,而是在人类文明的积淀中不断发展。其实,我认为教育是在"变与不变"中前行。应当变的一定要改,那是一种进步;而不能变的就应当固守、坚持。回归教育本源将使我们永远能有一种不竭的动力。多年来对孔子教育思想系统学习的经历告诉我,孔子的教育思想和教育方法持续两千多年而不衰,早已成为全人类的精神财富。耀华将孔子的教育方法凝练成十个短语:因材施教、循序渐进、温故知新、启发诱导、学以致用、教学相长、相观而善、长善救失、藏息相辅、互磋互学。在教师探索课程改革的过程中,在不同学科背景、不同教育对象的教学实践中,这些教育方法成就了许多优秀的教学案例,同时也使学校取得了优秀的教育成果。课程改革也是一样,绝不是在全盘否定中重新开始。我们回顾中国传统文化中的教育方法时,不难发现新一轮课程改革提倡的许多理念都暗合了这些历久弥新的教育思想。

陶继新：变革需要勇气，固守则要智慧。在一般人看来已经过时的东西，却有可能是穿越千年时空不变的真理。您总结的孔子的教育思想与方法则是属于需要固守的教育真理。《论语》与《学记》这些经典著作蕴含着极其丰富的教育智慧，直到今天，依然闪烁着耀眼的光芒。休说它们没有落伍，即使所谓的现代先进教育思想也难以超越，而且有不少现代教育思想汲取了中国古代教育智慧的精华。

镜头之六：正能量——教育信任

任奕奕：学校的日常工作中不仅有显性课程，还有大量的隐性课程。不论是怎样的课程，都应该把"育人为本"落实到行动中，而育人目标的达成是建立在教育信任上的。

建立教育信任是实现"优质轻负"最重要的智慧之一。教育信任是从自我到他人范围逐步扩大的教育激励过程。我们力求在建立教育信任的同时产生群体聚力，正向的学校文化本身就充满着校内人与人之间的信任，而这种信任也同时产生干部团队、教师团队、学生团队等不同团队的群体聚力。这种教育信任是源于学校历史传承的优良传统，基于丰厚的学校文化之上的。

陶继新："建立教育信任"，说得好！没有信任，就不可能有好的教育。这种信任是广义的，是师生之间的信任、生生之间的信任、教师与教师之间的信任，以及师生与学校领导之间的信任。要想建立教育信任，就要人人都真诚待人，尊重别人，相信别人。同时，您说的"优质轻负"

确实是一种智慧。因为学校要想有好的教学质量,就需要有一支优秀的人才队伍,特别是优秀的校长与教师,不然,学校就很难有优秀的学生。同时,学习不应当是令学生心力交瘁的一场又一场苦役,而应当是让学生不断地获取知识甚至智慧的快乐之旅。孔子说的"知之者不如好之者,好之者不如乐之者"可谓至理名言。"乐"不是没有价值的瞎玩,而是有着审美趣味的学习享受。只有这样,学校形成的群体聚力才能持久,师生的生命才能更具张力。

任奕奕:学校要求教师在引领学生求索的过程中,要与学生建立充分的教育信任。在每一个群体中,被信任者期望的信任获得满足后就又产生了对团队的负责,然后又转化为对他人的信任。这样一来,群体中的信任越来越多,群体成员的责任心就越来越强。在这样的群体中学习,学生就会富有激情,敢于探索,勇于质疑;教师课堂教学会变得愉快轻松,师生关系也会更加密切。教学活动中,师生内心阳光普照,充满活力,自然就步入一种相互信任、彼此团结的教育情境。当信任成为一种激励,被信任者就有了无穷无尽的动力。

陶继新:师生之间的互信可以产生很大的教育能量,因为"亲其师",才能"信其道"。不少学生之所以喜欢某一个学科,并取得很好的成绩,往往是从喜欢这个学科的教师开始的。而信任,当是这种喜欢的主体元素。而且,人与人之间建立了信任关系后,还会营造出一种和谐向上的积极氛围。师生在这种氛围里学习或工作,往往会产生比较大的创造力。因为心灵的自由与彼此的信赖,恰恰是创造力勃发的内在动力。而当一个人有了创造力,取得了可喜的成绩后,又会形成自信心,自信心又会为创造奇迹插上飞翔的翅膀,从而让人的生命变得更有活力。

镜头之七:学为径——文化建构

任奕奕:我们在课程改革的进程中提出"给问题解决更多方法,给学生发展更多机会,给学校教育更多可能"。以拓展型课程为例,我们借鉴美国STEM学科集成战略思想,开设了科学、技术、工程、数学综合型课程——技术与创新,将工程教育、技术教育融入科学与数学的课程研发,将学生学到的零碎知识与机械过程统整为探究世界相互联系的不同侧面,让学生在一定的学习情境中提高设计能力与问题解决能力。该课程需要四个学期完成。前两个学期学习技术,后两个学期学习发明创造。在学习技术的两个学期中,我们将精益求精的精神品质培养贯穿于有限的具体技术形式的学习过程中,"极其精准"成为每节课不同技术形式学习的共同要求。在学习发明创造的后两个学期中,我们的目的是帮助学生建立一种信心,一种"我也能够发明创造"的信心;通过有限的发明技法的学习,让每个学生都能进行发明设计。

以这门课程的开发为例,我想谈的是学校课程文化的建构有从过程到理解性、从协商到互动性两个特点。这样的文化化课程与工具化课程不同,更关注文化实施的过程与学生的理解,而不单纯地关注预设精确的目标及提高目标的达成效率,使学生在理解的基础上自觉地建构文化、生成文化,关注灵魂、精神与意义,强调对学生的陶冶、解放与生成。

陶继新:你们开的这些综合课程,是很多高中学校不能开、不敢开或不想开的课程。这些课程自然会占用很多高考必考课程的时间，可是，其提高了学生的素养与品质，特别是让学生体会到了"终身技术进步的本质"，以及建立了"我也能够发明创造"的信心，为学生一生的发展奠定了一个很好的基础。虽然这些课程在当下有的能显现出成效，有的则不能，但是人的成长是需要多种生命"营养"的，学校在学生时代为其提供更多有益的"营养"，学生在未来才能构建更加美好的"生命大厦"。而且，人们常常忽略一个问题，那就是让学生学习技术甚至一些高要求的技术操作，不只是为了让他们掌握这些技术，获取奖励，生成自信，还是为了让他们变得更加聪明。中国有个成语叫"心灵手巧"，很多人没有参透其中的奥妙，这当是一个大智慧。因为"手巧"与"心灵"是有内在联系的。但凡"手巧"者，也会变得"心灵"。这种智慧的互通性，会让学生学习成绩更优秀，未来发展更有潜力。

镜头之八：人为本——师生共进

任奕奕：耀华创办人庄乐峰先生在学校创办十年之际曾提出："盖今日之校风，即他年之民德。青年之坚强意志，在沉着不在浮嚣；国民之程度提高，在充实不在虚美。欲为爱国之士，必先为有用之人。本校以'勤朴忠诚'为校训者，使人人脚踏实地，身体力行。庶几耀华学生，自有其为耀华学生者在。"我每每品读，感悟历久弥新。

每一所学校都有义务通过建立不同的实践平台，激励、引领、巩固、促进学生对知识的求索，并拓展其执着求索的空间。耀华拥有厚重耀目的历史、德艺双馨的教师、独特丰富的文化,所有的这一切都让我的内心升腾起一份责任:耀华要为学生的发展画无数个同心圆,这无数个同心圆的圆心是教育目标,不同的半径标识着学生不同的需求、不同的心理、不同的认知基础下的生存状态,而这不同的圆周又是学生在学习生活中的不同路径。学校如果是平面的,这组同心圆虽可多可少,可大可小,但终归是若干个圆;可学校如果是立体的,这无数个同心圆就可能变成圆心在一条直线上的圆柱、圆锥、圆台等,在变换中浸润着学校文化。

陶继新:学校为学生的发展画无数个同心圆,就能让不同的学生都各尽其力,有所发展。其实,与教师一样,学生也有着巨大的发展需求和发展潜力,只不过有时候这种需求与潜力被学校漠视甚至扼杀了。相反,你们为不同学生的发展提供舞台与契机,就有可能让有着不同生命特点的学生都有一个大的飞跃。

耀华创办人庄乐峰先生所言,振奋人心,鼓舞人斗志!"在沉着不在浮嚣",说得何其好啊!"在充实不在虚美"的告诫真好。不管是教师,还是学生,追求虚荣的外在之美,都不可能让其生命更有价值;相反,师生只有不断地充实自己、丰富自己,特别是在精神层面不断地成长,才会让生命焕发出光彩。"欲为爱国之士,必先为有用之人。"学习的目的性已在其中,学生学习不是为了个人荣华富贵,而是为了让国家更加昌盛。但只有愿望是远远不够的,学生必须从当下做起,掌握更多的知识与本领,才能在国家需要的时候成为真正的有用之才。谆谆之言,如在耳畔,让人奋进,也让人思考。

任奕奕:是的,任何一个对社会进步、科学发展做出较大贡献的人,都有一个强大的精神世界。比如耀华的知名校友于敏,他是1944届毕业生,荣获"两弹一星"功勋奖章,被称为"中国氢弹之父",为中国国防科技事业殚精竭虑,功勋卓著。40年间,他必须隐姓埋名,没有鲜花,没有掌声,不能公开发表学术文章,其中的寂寞和艰辛是我们难以体味的。

越来越厚重的光辉校史,成了耀华的一笔巨大财富,成了师生成长的精神能量。那些肩负民族重托和强国责任的耀华人,对学习工作孜孜以求的"勤",对功名利禄宁静淡泊的"朴",对国家拳拳报国的"忠",对事业精益求精的"诚",都深深地感染着一代代学子,并化为震撼心灵的力量融进耀华学子的血液,帮助他们树立"奋发有为,光耀中华"的人生信仰,激励他们将宝贵的精神财富代代相传,在耀华的历史上书写更加光辉的篇章。

耀华学生的不唯上、不唯书,思维活跃,敢于创新、勇于担当的特质,成为他们在大学和工作岗位上不懈努力、厚积薄发的内驱力。

陶继新:于敏的事迹感人至深!他是耀华的骄傲,也是中华民族的自豪。"勤朴忠诚"这四个苍劲有力的字,当是他的精神化身。你们的校史馆,以图片与文字的方式,记载了这些校友的成长历程与精神追求,步入其中,让人有一种高山仰止且又激情满怀的感觉。这里面记载的辉煌并没有画上句号,未来的耀华还会增添新的辉煌。

镜头之九:思定位——多重角色

任奕奕:教育是充满理想的事业,是需要不断求索的志业。作为一名数学教师，我时常在思考一个问题：充满青春活力的学生，每天在学校法定性和制度性的课程中学习的那么多公式、掌握的那么多知识，对他们的人格健全究竟起多少作用？作为校长，我时常感到困惑，我们的教育在忙于"教什么""怎么教"的时候，是否因为走得太远，而忘了为什么出发？

当下校长的角色总让我联想起儿时读过的经典名著——《西游记》。一名中学校长，有时应如唐玄奘，诚实善良，包容宽宏，历经九九八十一难，矢志不渝，是一个坚守信念、执着求索的领军人物；有时应如孙悟空，变化多端，闪转腾挪，七十二变，屡建奇功，是一个不畏强势、机智勇敢的精英；有时应如猪八戒，热情憨直，知足常乐，知错就改；有时应如沙和尚，踏实本分，谨言慎行，一心向善；有时应如白龙马，心甘情愿，辅佐帮衬，不辞劳苦……如今的教育大环境，使一线校长在多重角色中不断转换着、应对着、完善着，历经冷暖甘苦、磨难考验，坚持不懈，不断求索。尽管我们身处转型中的社会，身处变革的时代，但变换的是时代，不变的是精神；变换的是环境，不变的是心境；变换的是角色，不变的是追求。

陶继新：您对校长角色的定位很有见地，校长当是一所学校的领军人物。而这一人物必须有明晰而正确的前进目标，不然，就会走错方向，非但不能让学校更好地发展，反而会让学校每况愈下；而有了明晰正确的目标，就会让学校朝着这个目标不断前进，从而调动起师生的积极性。在朝着目标前进的过程中，可能会遇到各种困难，是见难而退，中道而止，还是知难而进，勇往直前？这就到了考验校长的意志与品质的时候。

孔子说："君子遵道而行，半途而废，吾弗能已矣。"在我与教师交流的时候，他们说您有一种特有的韧性，即使遇到的困难再大，也从不放弃。您的这种精神与意志形成了一个品牌，也生成了一种能量，它让教师也矢志不移地跟着您一起前进。孙悟空、猪八戒、沙和尚以及白龙马，各有优点，也各有缺点，这恰如一所学校的教师，各有千秋。校长应当认可这样一种事实，也应当有包容之心。校长要多看到教师的优点，善于扬长避短，这样教师才能和谐相处，各得其所，共同发展。

任奕奕：是的，陶老师。我经常在工作中告诫自己，一名教师走进学校的大门，如果能够心情愉悦地把渊博的学识、精湛的教艺和高尚的品德展现给他（她）的同事和学生，就是这所学校的成功，也是校长的欣慰，更是学生的幸福。所以我经常问我自己，耀华的教师是不是能够体会到超乎一己之私的教书育人的幸福感？耀华的教师是不是真心实意地在与学校同呼吸共命运？

我相信每位教师都具有潜能。如果说一所学校"藏龙卧虎"，那么学校就应该让龙腾飞，让虎奔跃。学校要营造一种人人想干事、人人能干成事的学校氛围，校长要通过科学的管理让教师拥有幸福感，让学生获得成就感，让师生都有主人翁责任感。

浙江大学原校长竺可桢先生的一席话同样对中学教育有启示意义，他说："大学教育的目标，绝不仅是造就多少专家，如工程师、医生之类，而尤在乎养成公忠坚毅、能担当大任、主持风尚、转移国运的领导人才。"

当下，我们每一个做校长的人，最向往的大都是要尽一个中国知识分子的责任，不媚时，不曲学阿世，多做一些对教育有益的事情。我们如果在任何环境下，都能做到"不降志，不屈身，不追赶时髦，也不回避危险"，那就真是一个高尚的人、纯粹的人、脱离了低级趣味的人、有益于人民的人。

陶继新：听了您这段话，我感慨不已，也对您更加敬仰。教师从学校体会到的幸福感，不应当固化在物质层面，而应更多源于精神领域，它应当是超乎一己之私的。因为幸福的要义不但与心灵的快乐相联系，还与人格的高尚紧紧相依。那么，如何让"藏龙卧虎"的耀华能够龙飞虎跃呢？方略非止一端，而您说的"培养主人翁责任感"是其中重要的一条。学校要做的不是压制师生的创造才能，而是为其提供尽可能多的机会与平台，让他们有用武之地，为学校争光，同时实现自己的人生价值。对于校长来说，这需要气度，也需要智慧。因为从某种意义上说，校长的气量有多大，学校的名师就有多少；校长为教师提供"飞舞"的舞台有多高，教师飞得就有多高。不过，这个"飞"是不能偏离思想人格的。所以，我非常欣赏竺可桢先生说的话，也就是说，学校教育的要义应当是培养更多能够担当大任的大德大才之人。而您说的"不降志，不辱身"同样令我感动。一个卓越的校长，不但要看其有多么大的管理才能，更要看其有没有支撑这所学校发展的精神人格力量。降志以求，辱身而为，也许可以升官，也许可以发财。可是，真正的仁者从来都不是"以身发财"的。在当今这个社会上，能够守住一个有良知的知识分子的操守，全心全意地为学校的发展去奋斗的人，该是何等高尚啊！

减负与提质的内在和谐
——福建省泉州第五中学的卓越品质与教育方略

被誉为"闽南教苑常青之树"的福建省泉州第五中学（以下简称"泉州五中"），是一所建校100多年的名校。学校全面实施素质教育，积极探索发展之路，在拥有50%定向生的生源质量条件下，依然保持着优质的教育，创造了空前的辉煌。

"问渠哪得清如许？为有源头活水来。"泉州五中践行以人为本的办学理念，丰富教师人文素养，关注学生全面发展，积极研究高效课堂，搭建成功舞台，走向了减负与提质并行不悖、素质教育与应试教育和谐为一的正途。相反，那种加重学生负担、损害学生健康的应试教育方式，非但不能让学生具有持久的发展动力，还有可能让学生在高考竞争中失败。

提升教师素养，减负提质并行

一、减轻课业负担，提高教学水平

刘殊芳：多年来，泉州五中一直坚持探索、实践"减负提质"。相比于其他部分高中学校，泉州五中学生的课业负担是比较合理的。学校节假日不补课，晚自习不延长时间、不统一要求到校时间的做法，使得外界对泉州五中常有一种议论，说泉州五中"抓得不够紧"，这其实是对泉州五中坚持"减负提质"的办学策略的一种误解。泉州五中的管理是"外松内紧"，教师的压力一直是比较大的。因为减轻学生课后的学业负担，教师必然要想方设法提高课堂教学的效率，让学生在课堂上掌握大部分知识。多年来，有效的"减负提质"措施，保障了泉州五中的办学质量。

陶继新：课业负担过重，大多适得其反，不能使学生取得好的学习效果。学习有一个规律，那就是"一张一弛，文武之道也"。为学生留有足够的休息时间，加之必要的锻炼，尽管他们的学习时间减少了，但他们的学习效率却大大提高了。这样一来，学生身体健康了，成绩上去了，何乐而不为呢？

二、追求高效课堂，研究高效作业

刘殊芳：在严格控制作业量和课时量的前提下切实提高教学质量，就要对教师的课堂效率、作业效率高要求，对教师的能力和素质高要求。一直以来，我们把"追求高效课堂"作为对全体教师的基本要求，这种办学理念已经深入人心。45分钟的课堂教学，教师经常要花费数倍的时间来备课，要备教材、备学生、备教法、备练习，备课工作量很大。给学生准备练习题时，教师要先做几份练习题，对题目进行精挑细选，然后再给学生做，以达到最好的训练效果。高效课堂和高效作业，我想是泉州五中一直以来保持高考优异成绩的关键。

陶继新：高效课堂需要高素质与高水平的教师。教师高度的责任感、很强的事业心和非常高的教育教学能力，造就了你们的高效课堂。同样是45分钟，你们的学生不但学到的东西多，而且学得快乐。这样一来，课堂学习就不再是令学生心力交瘁的苦役，而是学生学习知识与生成智慧的幸福之旅。你们的教师不但研究课堂教学，也研究如何提高学生作业的质量与效率，并且探索出了非常有效的方法。所以，你们虽然给学生布置的作业不比别的学校多，但收到了非常理想的效果。

三、经历学习过程，培养思维品质

刘殊芳：教师的职责并不是把课本和教学参考书上的文字重复一遍，让学生听明白，不出错；不是让学生死记硬背，搞"题海战术"，使学生缺乏创新能力。教师应该千方百计地调动学生的积极性，让学生经历学习"过程"，及时恰当地创设良好的学习环境，进一步完善学生的思维活动过程。课堂教学不能仅仅是知识传授的过程，更应该是促进学生个性发展、丰富学生精神世界、启迪学生心智、培养学生思维品质，从而促进学生全面成长的综合过程。

陶继新：对课本与教学参考书内容的一味重复，无异于鹦鹉学舌、邯郸学步，那样会让讲者所讲内容味同嚼蜡，听者也就觉得索然寡味。教师要通过学习不断丰富自己的素养，且在讲的时候要"其言也，约而达，微而臧，罕譬而喻"，从而让学生"继其志"。同时，学生有着巨大的学习能力，教师教会与学生学会是不一样的，学会与善学也不在一个层面上，因为"善学者，师逸而功倍，又从而庸之"。从这个意义上说，真正优质的课堂不但需要教师的高素质，也需要教师拥有新理念，更需要教师引领学生走进自主学习的境界。

四、关注培训质量，提升教师素养

刘殊芳：刚才我说过，要做到"减负提质"，就必须对教师的能力和素质高要求。教师要不断接受素质教育，才能培养出高素质的学生。所以，我们始终把师资培训作为实现"减负提质"的关键。教师应该不断地学习充电，吸取先进的教学理念和教学手段，提高自身素质和教学能力，才能为高效率的教学创造更好的条件。我们的教师大多有较强的学习能力，比如对现代化教学手段的学习和运用水平普遍较高。近三年，我们把师资培训的质量和层次又提上一个高度，让教师走出去，拓宽视野，吸纳新知。比如，我们与上海、北京等地的优质高校、一流中学联合，建立师资培训基地，推选教师参与国内、省内高层次的教学研讨活动。每年组织多数教师利用暑期到湖南、上海、浙江等地参加专业培训，新任高一班主任都要外出参加全国班主任研讨会，培训效果特别好。

陶继新：一些学校也关注教师的培训，为什么有的却看不到明显的效果呢？我认为，这就如读书一样，读一般的书，特别是读不好的书，是不可能丰富自己的学识的。培训亦然。培训如果质量不高，就不能有效地提升教师的水平。所以，培训也应当"取乎其上"。你们的教师听到的是真正意义上的专家的报告，有些还是大师之讲。经过一段时间的高端培训之后，有的教师"蓦然回首"，竟然发现自己的教学水平已经有了质的飞跃。于是，惊喜之余，他们又有了攀登另一座高峰的欲求与行动。当更多的教师行进在这条路上的时候，泉州五中也就创造了一个又一个令世人惊叹不已的辉煌。

创建发展时空，实现全面育人

一、关注全体学生，人人都能成功

刘殊芳：我们学校学生的高考成绩给我的一点体会是，关注全体学生的发展是取得大面积丰收的保证。我们学校长期以来坚持不设"重点班""实验班"，在我们眼里所有的学生都是有潜质的，都是独一无二的，所以我们倡导教师关注班级里的每一个学生。

陶继新：设"重点班""实验班"会给其他班级的学生辐射一个信息：他们不被学校重视。这种负面的信息会让不自信慢慢地在他们的心里滋生，学生本来的潜能也就在这种不自信中渐渐地"隐退"了。更重要的是，这种不公平与缺乏人文关怀的行为，会在教师、家长和学生中蔓延，从而让学生之间有了等级区别，有了人格上的不平等。你们则不然，你们的做法让每一个学生都能感到来自领导与教师的关爱与信任，从而让学生拥有自信。因此，学生普遍取得优异的高考成绩便是水到渠成的事了。

二、活动丰富多彩，特长尽情发挥

刘殊芳：减轻课业负担，意味着学生有了更多自由发展的时间和空间，学校要借此创造条件让学生发展个性、特长，培养实践能力。我们学校有学生艺术团、跫音文学社、记者站、摄影书画学会、电视台、广播电台、各类体育俱乐部等众多学生社团，并成立了"学生社团联合会"，建立了"模拟联合国"组织，丰富的学生社团大大充实了学生的课余时间。我们还致力于打造独特的校园文化活动，创设个性化的发展舞台，

◎ 校运会暨体育节

每学年举办"三节两月一活动",即校园文化艺术节、趣味活动体育节、提高人文素养读书节,行为规范教育活动月和文明礼仪教育活动月,学生社会实践和寒暑假社区服务活动,让学生在丰富多彩又喜闻乐见的活动中增长才干,脱颖而出。正是在"减负"的土壤中,一系列生动活泼的校园文化活动才得以如火如荼地开展,学校也才能培育出德才兼备、全面发展的优秀学生。

陶继新: 这些活动为有着不同爱好与特长的学生提供了挥洒才思的天地。虽然参加活动会减少学生课业学习的时间,可是,由于有了活跃的思维、快乐的心境,学生再进行学习的时候,就有了高效学习的内在力量,从而产生了高效率,更重要的是,还会产生高效益。

三、培养学生干部,树立远大理想

刘殊芳: 我们正是通过创设各种平台,让学生发现并发展自己以前没有意识到的潜质,例如"模拟联合国"活动就是一个高水平的活动平台。

另外，我们也针对个体的不同情况，鼓励他们尝试新活动，在不同领域挑战自我。我们的很多学生都有在班级、校学生会、团委会、社团担任学生干部的机会，通过学生工作的磨砺，他们会变得更成熟，拥有更高的思想境界。我们学校团委会活动比较活跃，业余党校也办得有声有色，每年都有十几名优秀的学生光荣地加入中国共产党，这也是我们培养学生树立远大理想、不断超越自我的一个重要途径。

陶继新：让更多的学生担任学生干部有着特殊的意义。现在的学生不应当只是沉浸于学习中，而应当为未来服务社会积蓄能量。当学生干部的时候，他们不但要管人管事，而且要更有责任感和合作意识，学会管理方略。这种经历是书本上学不来的。没有经历，就形不成经验。有了经历，才能够为自己当下与未来积累经验。经验只有是自己在实践过程中积累的，才更有价值。而且，当学生干部与学习成绩优秀不但不矛盾，还会互相促进。事实上，学生干部大多是品学兼优者。

四、利用校友资源，激励追求卓越

刘殊芳：一个人只有树立了远大的理想，才有奋斗的不竭动力。泉州五中的办学理念是"以人为本，追求卓越"。学校特别重视用优秀校友的事迹来激励学生。我们曾邀请杰出校友、中国科学院院士郭光灿教授和中国科学院潘厚任教授来校做科学报告；邀请考入北京大学、清华大学的优秀学生为高一新生做学习讲座等。我们目前在编写的《桂坛骄子》这本书，将成为学校的校本课程，里面收集了我校杰出、优秀校友的先进事迹，以此来激励学生"敢想敢拼"，追求卓越。在泉州五中，有资优生这样一个群体，他们之间学习氛围非常好，形成了你追我赶的良性竞争，很多优秀的学生在高一就树立了远大的理想。

陶继新：榜样的力量是无穷的。优秀校友对学生来说，有着一种特别的亲近感，使得学生更愿意向他们学习。你们学校历史悠久，先后出过很多名家名流。他们是你们学校的骄傲，也成了现在学生学习的一笔极其宝贵的资源。你们有效地利用这些资源，既可以收到立竿见影的效果，又能产生更加长远的效益。

非常优秀的学生集中到一起，彼此可以收获"友直，友谅，友多闻"的朋友。他们越是优秀，越是努力；不但要超越自我，还要超越同学。在这种超越的氛围中，又形成了一种良好的校风。所以，你们学生的优秀，不止于学习成绩的优异，还有思想品质的优秀。这当是泉州五中的精神财富，也是泉州五中不断走向成功的内在品质。

五、激发学习兴趣，感受学习快乐

刘殊芳：对于学生来说，主观能动性是影响学习效果的关键因素，而培养学生的学习兴趣则是提高其主观能动性的最有效的方法。"知之者不如好之者，好之者不如乐之者"，感受到学习的快乐才是学习的最高境界。

我们学校有一个特点，那就是远程教育资源和现代化教育技术手段运用得特别好，多数教师普遍能够熟练运用现代化教育技能，以丰富的教学内容和新颖的教学形式来吸引学生的注意力，教学的信息和容量相当大。同时，教师在教学中会注意分层教学，尤其关注尖子生对知识的消化吸收比较快的特点，适当地给他们增加有难度的作业，让他们独立思考、课后钻研，提高他们探索的积极性。泉州五中的师生关系比较民主，因为学生优秀，教师也懂得欣赏、激励学生，课堂气氛比较和谐，课堂内外也常见学生向教师提出质疑，或者师生辩论。事实证明，提倡学生向教师提问题，挑战有难度的学习内容，这些都有助于激发学生的学习兴趣。

陶继新：师生关系民主，是构建和谐教学的必要条件。在和谐的课堂上学习，学生的心理是安全的、放松的、快乐的，这有助于激发他们学习的热情，调动他们探求新知识、质疑问难的积极性。这样，学生就有了高效的学习，甚至达到学习的巅峰状态，让思维的火花尽情地燃烧。这个时候教师似乎可以退居"二线"，作壁上观了，但其作用依然是不容小觑的。没有教师对学生的充分信任，没有教师对学生自我学习精神的培养，就不可能出现这样的教学奇观。而且，学生之间争辩最为激烈的时候，尽管可以让学生自己去寻求最佳答案，但如果学生的思路出现问题，教师就要适时地进行引导，让其学习步入正途；如果学生有了出色的表现，教师还要及时地予以表扬。此外，古人云"弟子不必不如师，师不必贤于弟子"，有时候，教师还要虚心向学生学习，同时让"吾爱吾师，吾更爱真理"的学习精神在学生身上放射出特有的光芒。

六、提供学术支持，开发优生潜能

刘殊芳：对于智商较高、学习成绩优秀、思维活跃、具有潜在优秀特质的资优生，我们学校还承担着让他们更加优秀、为他们成为国家的拔尖创新人才奠定基础的任务。为了让资优生的学科优势更突出，我们与华侨大学共建"泉州市青少年创新能力开发实验基地"，每周末邀请华侨大学教授、博士来为学生开设科学讲坛，介绍学科发展史和学科前沿研究的热点、难点，激发学生探究科学的兴趣与愿望。同时，我们还在福建联合石油化工有限公司设立"泉州市青少年化学创新能力开发实践基地"，组织对化学特别感兴趣而且有学科特长的学生，利用暑假到基地举办夏令营，利用福建联合石油化工有限公司先进的化学实验设备和专家资源，培养学生进行化学研究的兴趣。

陶继新：均衡教育并不是对学习水平不一样的学生实施同一教学策略，而是要让优者更优，弱者变强。教师只有根据不同学生的学情进行不同的教学，才能真正抵达"因材施教"的境界。对于您说的很有发展潜力的资优生，有的人可能担心教学资源会向他们倾斜，不利于其他学生的成长。其实，由于学生先天条件和后天培养的不同，学生步入高中的时候，出现不同乃至较大的差异当在情理之中。你们积极努力地为这些资优生提供发展的舞台，让他们的学习潜力得到了最大化的发挥。也许若干年后，其中就会涌现出科学家，甚至有诺贝尔奖获得者。从这个意义上说，你们这种大胆而又有益的尝试很有推广的价值。

刘殊芳：我也是这么想的。所以，我们为每位资优生设立各自优势学科学业导师（本校的）和学术导师（高校的），提供适合学生个性发展的必要引领，我们鼓励这部分学生在自己感兴趣并有特长的学科领域里适度地超前发展。

陶继新：导师引领，不但会让这些资优生少走弯路，还会让他们领略到高中课堂上不可能涉猎到的学术内容，尤其是能培养他们的科学理念、科学精神、科学态度和科学方法。这些导师的治学精神会对他们产生影响，而且这种影响不仅限于当下，还会延伸到未来。以上这些素质

◎ 简易机器人的设计与编程

和品质，正是成为科学家不可或缺的要素。

七、设立导师制度，关注个体成长

刘殊芳：从 2007 年开始，我们学校每年都有一定比例的定向生。这部分学生的学业基础相对较弱，如何培养好这部分学生也是我们学校近些年一直关注和探讨的问题。我们本着为每一个学生的全面发展和健康成长负责的态度，2011 年从高一年级开始试行导师制，让所有教师全面参与学生的教育教学管理，要求教师不仅要关注学生的学业情况，还要关注学生的思想动态、心理健康和生活状态，倡导教师成为学生的良师益友，让每个学生深切感受到学校、教师的关爱。

陶继新：定向生入学时的学习成绩比一般学生低，让他们更好地发展，当是学校教育的一个重要任务。试行导师制是一个有效的办法。学生成绩不理想的背后，往往都有心理、习惯、品德等问题相伴，甚至这些问题起着主导作用。导师不但关注学生的学习状态，还关注他们的思想与心理。这样，学生在成长过程中遇到的任何困难就有了及时解决的可能，思想与心理上的问题也多能消除在萌芽状态。这种内外兼治的导师制教育方法，让学生能够既好又快地发展。

培育健康心理，奠基成功人生

一、举办丰富活动，开展心理教育

刘殊芳：学校应该关注学生的心理状态，重视学生的心理健康教育。多年来，我们充分结合各类活动开展心理健康知识讲座，向学生宣传心理健康知识，渗透心理健康教育。例如，我们将心理健康知识讲座融入每年的新生入学训练、劳动基地实践、艺术节、体育节、主题班会、考试质量分析会、德育交流会、班主任会议、家长会、学生社团活动等各项活动安排中。我校网站设有"心晴空间"，有心理咨询室专用QQ账号和学生QQ群，校学生广播站、学生校刊等定期开设心理专题栏目，学校的宣传栏里设有心理健康教育专栏，学校还创办了独立的心理宣传报《心晴》。《心晴》以心理知识宣传、引导学生心理自助为主导方向，至今已出版近50期，每期报纸学生人手一份，真正做到宣传到每一个学生，让学生了解心理知识，认识心理问题，学会心理自助。

陶继新：学生身上出现的很多问题，甚至有些表面上看来是思想品质的问题，其实大多与心理问题有关。您是心理学研究专家，深知学生心理健康的重要性。你们的心理健康教育，不是简单地停留在说教的层面，还提供了一系列的活动载体，让学生的负面情绪在这些活动中得到了消解，很多心理问题也就比较轻松地得到了解决。

我特别欣赏您说的心理自助。学生心理问题有大有小，发生的频率之高是非常惊人的。学生如果只是依靠"外援"，不懂得自己解决的话，很多问题还是很难得到及时解决的。学生不但要有自我学习的能力，还要有心理自助的能力。只不过很多时候，教师忽略了学生的这种能力，没有对这种能力进行开发，从而让这种能力处于沉睡状态之中。开发这种能力，会让更多学生拥有心理自助能力，甚至能够帮助教师解决其他学生的心理问题。更多的学生学会心理自助之后，学校里还会形成一种健康心理的场域，即使有的学生出现一些心理问题，这些心理问题也会在这个场域里被群体的健康意识消解。这样一来，不但可以让学生的品质更加优秀，也会提高其学习的效率。

二、建立心理档案，预防问题产生

刘殊芳：在学校心理健康教育中，我们还十分重视一项基础性工作，那就是开展学生心理普查及建立学生心理档案。我们每年都要定期或不定期地采用问卷测评的方式，对学生不同层面的心理健康问题，包括学生入学适应测查、心理健康普查、学习心理调查等，进行筛查，为每位学生建立心理档案。多年来，我们及时地对部分学生进行了心理干预，有效地预防了学生严重心理问题的产生，踏踏实实地做到了"预防为主"。学生心理档案的建立和管理，也为学校心理健康教育其他工作，包括课题的选择、心理课程的设置、家长培训的主题方向等，以及班主任工作、教学工作、思想品德教育等，提供了有力的参考依据。

陶继新：《学记》有言："发然后禁，则扞格而不胜。"严重的心理问题一旦出现，解决起来就会非常困难，以致出现不可想象的后果，从而给学校的整体工作带来问题。所以，学校开展学生心理健康工作，要以预防为主。你们采取的一系列措施，基本上制止了学生严重心理问题的出现；即使它偶尔出现了，也会比较快地得到解决。

三、开发自助能力，开展互助活动

刘殊芳："解铃还须系铃人"，我们相信每个学生都有心理自助能力，问题的关键在于怎样去唤醒、开发和提高这种能力。由于学生社团在学生群体里具有很大的影响力，我校学生整体素质较高，学生自我教育能力较强，我们指导学生成立"心晴"心理社，自主开展趣味心理游戏、心理测试、心理电影赏析等活动，宣传普及心理健康知识，以此推动学生对学生、学生对自我的心理健康教育。我们组织学生开展的研究课题包括《高中生交友心理研究》《网络游戏及网吧情况调查》《"情"非得已——青春期性教育的思考》《青少年忧郁症》等近几十项，不仅促进了学生对心理知识的了解，还增强了学生的研究能力。此外，我们鼓励学生进行社团联盟，以一个社团影响另一个社团，形成学生社团群体，共同走进心理健康教育的新氛围。例如，让"心晴"心理社同时联合学校电影社、话剧社等开展心理电影赏析活动、心理剧排演活动等。同时，我们也鼓励学生联合其他兄弟学校的心理社团，开展心理健康交流互助活动。

陶继新：学生出现心理问题的原因有很多，其中两个原因是不可忽视的：一是不知道有心理问题。学生的心理问题非常普遍，绝大多数学生对此却知之甚少，有的教师也不知其详。所以，你们首先要让他们知道什么是心理问题。二是不知道如何解决心理问题。你们的这些课题是学生进行研究的。教师疏导与学生自我解决是不一样的。而且，你们的这些课题不是空洞的，而是基于现实问题的，所以更有针对性和实效性。学生对于他们自己的心理问题，寻找到的解决方法并不一定与教师的一样，却多能产生更好的效果。当学生中有了更多的人参与这些研究、解决这些问题的时候，学生的心理问题就会越来越少，健康的心理也就会在学生的心理中占据主导地位了。

四、心理电影课程，储存直接经验

刘殊芳：2010年3月起，我们承接了国家社会科学基金"十二五"规划（教育科学）国家级课题《信息技术环境下多元学与教方式有效融入日常教学的研究》项目子课题《心理健康电影课课程开发试用研究》。在电影课理念的指导下，结合多年来心理健康教育活动课的实施经验，我们推出了具有新形式、新特色的心理健康教育课程——心理健康电影课。我们认为，一切有益的资源都可供我们利用。电影是人类文明的结晶和浓缩，优秀电影蕴藏着丰富的心理健康教育资源，蕴藏着丰富的艺术手法，不仅可以陶冶情操，还十分有利于青少年身心发展。在课程的实施上，我们紧密地将电影素材与体验式的教学方式相结合，充分利用电影情境来创设相关的教学情境，引导学生在情境中经历和体验，然后将感受、感悟从电影中延伸至课堂，从课堂中迁移至生活。目前我们实施的心理电影课包括《人生不留遗憾》《改变想法改变世界》《叫我第一名》《谈情说爱》《梦想在彼岸》《远在天边近在眼前》等。实践证明，对于高中生而言，这样的心理健康教育方式是新颖的，有影响力的，有意义的。如今，心理健康教育课也成了我们学校的精品校本课程之一。

陶继新：心理健康电影课之所以受到学生的喜爱，并能产生比较好的效果，是因为电影这种特殊的文艺载体有着超越一般文本的可视性与故事性。教育的最高境界可以达到"随风潜入夜，润物细无声"的程度。你们的心理健康电影课则具备了这一特点。所以，学生表面看上去是在饶有兴趣地观看电影，其实，却在不知不觉中接受了心理健康方面的教育。一次又一次的潜教育，则让心理健康的理念在学生的心里扎根、发芽、开花与结果。

像叶圣陶那样做教育
——江苏省苏州第一中学校的书院精神与名校风范

对于江苏省苏州第一中学校（以下简称"苏州一中"），笔者虽已久慕其名，心向往之，却一直未能前去采访。终于，笔者应邀到苏州一中讲学，真是百闻不如一见，苏州一中文化积淀之厚重远远超出了笔者的预期。通过网络，笔者与时任校长周春良完成了一次特别的对话。

教育者不能消解使命感和责任感

陶继新：周校长，和您对话是我一直期待的。苏州一中是百年名校、叶圣陶先生的母校，我很想了解一下您在这所名校工作的心理感受和状态。

周春良：在名校工作并不是一件轻松的事，却又让人感到无比幸福。在我看来，一个教育者的使命感和责任感很重要，更何况，学校的发展永无止境，没有最好，只有更好，历史只能代表过去。其实，有时候人在众多荣誉的激励下，更应该时刻反思自己，我最担心的就是迷失。名校校长最怕的是，荣誉不少，威信却不高。"盛名之下，其实难副"的情况并不鲜见。一个校长，如果不能根植于学校，那么即使拥有再高的荣誉、再多的头衔，他作为一个教育者能创造的价值也是有限的。

陶继新：这个观点我很赞同。根深才能叶茂，校长扎根于学校之中，才会有一片生存的"沃土"。

周春良：我对所谓的"一个好校长就是一所好学校"的观点不敢苟同。也许正是这句"名言"误导了不少校长，使他们失去了对校长角色的客观定位和对校长价值的清醒认识。其实，真正的好校长应该找到对教师的依恋感。

陶继新：一个好校长对于学校的发展确实起着至关重要的作用，甚至有时还会起着决定性作用。您说得对，有的校长对自己缺少正确的认识。但也不尽然。南京市浦口区行知小学校长杨瑞清当是中国名校长了，这所学校从无到有、从小到大、从大到强，与他有着直接的关系。可是，直到今天，他依然谦虚谨慎，一直如履薄冰似的工作着。可见，校长本人的思想修养与学校的发展密切相关。

周春良：很多校长没想透校长和学校的关系。一方面，更多的情况是学校决定校长，因为校长的生命有限，学校的生命无限。另一方面，校长即使改变或提升了一个学校的层次，也应该懂得，没有学校这个舞台，没有全校师生的共同努力，没有家长乃至社会各界的支持，这一切都是不可能的。再好的教育思想的种子不落到校园里是不可能发芽的。

陶继新：说得好！特别是一些名校，不是校长有名，而是学校有名，是学校成就了校长。

一个人能力再大，如果没有挥洒才思的舞台，也会一筹莫展。所以，将一所薄弱学校打造成一所名校之后，校长千万不能自鸣得意，而应当感谢这所学校的师生，以及与之相关的人们的支持与关心。

返璞归真，我们选择了叶圣陶

周春良：苏州一中作为一所百年老校、叶圣陶先生的母校，多年来坚持把学习实践叶圣陶教育思想作为学校的办学特色。在学习叶圣陶教育思想的过程中，我日益感到我们对中国传统教育思想的研究和实践非常不够。至憾！

陶继新：您太过谦虚了！我在全国几百所学校进行过采访，能像你们学校这样关注叶圣陶教育思想的研究者还真是非常少。而且，只要到你们学校里转上一圈，就会感到深厚的文化底蕴几乎无处不在。您的"至憾"，是一种神圣的使命感在您的心里游动使然，是您希望学校"更上一层楼"的心理"落差"所致。

周春良：不同的民族，生活方式不同，文化传统不同，思维方式不同，这些不同决定了学校的教育方式甚至教育内容也不相同。所以，西方有西方的教育哲学，东方有东方的教育智慧。随着东西方文化的交流，东西方的文化包括教育都在不断汲取对方的长处，但在这个过程中我们绝不应该全盘照抄，甚至简单、肤浅、生硬地"拿来"。

陶继新：为什么有人将西方教育思想全盘"拿来"？一个重要的原因就是他们对中国教育哲学了解与研究得太少。从孔子到孟子，从朱熹到王阳明，如此等等，这些大教育家、思想家的教育思想过时了吗？它们不但没有过时，而且还从中国走向了世界，越来越彰显出它们的无穷魅力。所以，我们在有效地吸纳西方先进的教育思想之时，还要剔除其无益甚至是有害之处，特别是要认真研究中国有价值的教育思想，取两者之长，然后结合教育实际，才能生成属于自己且又有生命力的教育思想。

周春良：叶圣陶（1894～1988），在其94年的人生历程中，从事教育实践和研究达70多年。传统文化底蕴、中外教育思想精华、丰足的教育实践是叶圣陶教育思想形成的三大基础。叶圣陶教育思想是具有民族风格和中国特色的活的教育学，至今依然有着很强的现实指导意义。我比较认同这样一个观点，即叶圣陶是中国历史上自孔子、朱熹之后最伟大的教育家之一。有人也许并不赞同，但毫无疑义的是，我们对叶圣陶教育思想学习、研究、实践得还是不够！

陶继新：叶圣陶先生学贯中西，深谙东西方文化教育之精华，取舍必然得其要义。他积极而又丰富的教育实践经验，使其自然而然地生成了属于自己且有着真知灼见的话语系统；理论与实践的结合，则使其形成了具有继往开来意义的教育思想体系。这是当今所谓的教育家难以望其项背的原因。

周春良：学习实践叶圣陶教育思想，我们主要从三个方面入手：一是教育的目的和价值。学习实践他的"教育为人生""教育就是培养良好习惯"的思想。只有养成好习惯才能叫具备了素质。二是教育的过程和本质。学习实践他的"教是为了达到不需要教"的思想，推进课堂教学模式改革，推进有效教学，以学定教，以学论教，以学评教，教学合

◎ 叶圣陶雕像

一。三是教育的根本和关键。学习实践他的"教育工作者的全部工作就是为人师表"的思想。"德高为范，学高为师。"名师立校，名师强校，要把教师队伍作为办学的根本和学校的核心竞争力。而教师的关键又在师德，身教重于言教，言教依附于身教。

陶继新：您说的这三个方面，可以说抓住了叶圣陶教育思想的关键。叶圣陶说："教育是什么？往简单方面说，只有一句话，就是要养成良好的习惯。"这无疑是至理名言。从某种意义上说，习惯可以决定人的生命走向。这个问题解决了，其他教育问题就都可以迎刃而解。

多少年来，教育改革其实都没有超出叶圣陶说的"教是为了达到不需要教"的思想。有的学校教育教学水平为什么一直徘徊不前？就是因为教师不相信学生，整个课堂都是自己在讲。结果，教者无趣，学者无味。更重要的是，学生在校那么多年，却没学到自我探索未知的能力。可以说，现在学习叶圣陶教育思想不是过时了，而是远远不到位。

叶圣陶的"为人师表"说，与孔子的修身做人教育思想一脉相承。人之为人，就要有人的思想品格。社会上一些人的思想道德水平低下，与学校教育忽视"做人"不无关系。教师要想让学生学会做人，首先自己要有良好的品格。所以，"为人师表"的意义尤为深远。

书院精神，成为我们永远的情怀

周春良：实际上，苏州一中尽管是一所百年老校，是苏州第一所推行现代教育体制和方式的学校，但仍然是一所不断前进与发展的学校，同样面临着与其他很多学校一样的问题，甚至面对的挑战可能会更为严峻。我们的目标是，加快实现从传统名校向现代名校的转变，努力把苏州一中建设成具有园林风格、书院风范、名校风采的现代化新一中。其中的书院风范更多的是从内涵、从精神层面上讲的。书院已经成为历史，但书院的精神永在。教育需要的是精神，而不只是技术。

陶继新：我有幸领略过你们学校的园林风格与书院风范，并为之感到惊奇。但是，并不是任何学校都可以锻造出这样的风格，这是苏州一中积淀了百年才形成的。你们有意保留这种风格，让身处学校之中的人们充分感受到了它的文化底蕴；同时，你们又"扩大"了这种风格，让人们感受到现代人对文化传统的敬畏之心与发扬光大之意。可以说，作为校长，您很好地继承了过去的辉煌，又让这种辉煌更加璀璨。这样，它才在与现代接轨的时候，拥有了独特的魅力。

周春良：陶老师过奖了，其实我们自己也深知，我们离目标的差距还很大，至少我还觉得很不满意（更多的是对我自己而言），学校的各个方面还有很多的工作要做，还有很长的路要走。如果我们能把叶圣陶教育思想在苏州一中转化为一种育人模式，那我们就前进了一大步，或者说是实现了质的飞跃，那时的苏州一中才能让我们基本满意。学习和实践叶圣陶教育思想体现在我们的培养目标上就是，努力培养基础扎实、素质全面、身心和谐、习惯良好的新时代栋梁之材。

陶继新：上次采访您的时候，您就谈到新时代栋梁之材的四个必备素质。其实，您早就在这些方面努力了，不少学生已经基本具备了这些素质。您之所以说"很不满意"，是因为对苏州一中有着更高的目标与要求。因为在您的心里，教育家叶圣陶与百年老校苏州一中是您永远的自豪，但这也在无形中给您施加了一种压力。好在这种压力不断生成动力，而且已经逐渐内化到了师生的心里。所以，您理想中的那个苏州一中并不遥远，只要一路走下去，就能一览那道独特的风景。

周春良：在学校管理上的体现是，我们努力追求"爱而不溺，严而不死，放而不乱"的管理风格。苏州一中教师的敬业精神在姑苏城有口皆碑，首屈一指。管得严、抓得紧，是广大市民过去对苏州一中普遍的评价。我们认为"严"和"紧"是苏州一中的优良传统，也是苏州一中的特色，这个传统不能丢，这种特色不能放。但人类社会已经进入了21世纪，教育也必须随着社会的发展而发展，光"严""紧"是不够的，这样做至少不符合社会发展规律，也不符合教育发展规律。

陶继新：看到您说"爱而不溺，严而不死，放而不乱"这一管理风格的时候，我突然联想到《论语》上有一章对孔子的概括性评价："子温而厉，威而不猛，恭而安。"孔子的这个形象，我感觉是一个人最好的形象。凡事过犹不及，应当恰到好处。您的这种管理风格，在继承的基础上又进行了创新，于是就形成了苏州一中的传统底蕴与现代气息相融合的管理策略。

周春良：对班级管理，我们也是这样要求的。学校都很重视分数，但取得分数的手段和途径却可能有天壤之别。君子爱"分"，但是要取之有道。首先是班风正，然后才会学风浓，素质高，以至成绩好。我一直劝诫我的同事，千万不要把这个顺序颠倒过来，那样就成了应试教育，而不是素质教育。我感觉现在教育中存在的比较大的问题是我们对德育、体育、美育、智育的作用认识不够，更谈不上重视了。我们坚持严格落实苏州市教育局提出的要"遵循教育规律，运用科学方法，提高教育质量"的要求，在我们的工作中做到以德促智、以体强智、以美益智，坚决反对就智育论质量、就高考抓成绩的做法。

陶继新：分数如何取之有道呢？就是您说的"以德促智、以体强智、以美益智"。有的学校只关注学生的分数，而且很多时候并不能如愿以偿。其实，德、体、美与考试分数有着一种内在的联系。品德好的人，会有一种学习的责任感，有一种持久的学习动力。有的时候，这比兴趣起到的作用更大。鲁迅先生弃医从文，就是责任使然，而且终成大事。学生锻炼好身体，精力会更充沛，学习效率也会更高。古人常说："一张一弛，文武之道也。"学习与锻炼身体，正好可以达到张弛有度的目的。美育可以愉悦身心，让人形成一种快乐的心境，这对于提高学习效率可以起到极大的作用。此外，人们孜孜以求的高效课堂，离了学生积极的情绪，也不可能真正实现。

周春良：提升学生的素质，首先要提升学生的人生目标，以此激发学生内在的动力，发挥学生身上非智力因素的巨大作用，正所谓"志不强者智不达"。一切精神活动都需要身体条件做基础，强健体魄才能造就强大的思维。我们每年都会遇到一些学生，特别是一些高三学生，在高考前期出现"高原现象"，这往往是由学生实在疲惫不堪，难以为继造成的。高雅的审美情趣、高尚的生活情趣、高远的人生情趣对学生同样具有智育的作用。教育是一个系统工程，学生的发展也需要全方位推动。只有把德、智、体、美看成不可分割的整体，学生的人格才会是健全的，我们的校园生活才会是立体而丰富的。

陶继新：天地万物为什么能够共生共存？一个关键的因素就是和谐。人也是如此。一个人只有智或只是智强而德、体、美都弱，就不能成为一个和谐的人。一个人短期不和谐，也许还可以与大家一起生存；可是，长期则不然，就会生出很多问题，甚至是致命的问题。学生品德不好，升入大学，进入社会，最终必然成为害群之马；身体不好，即使未来有了好的工作，也会痛苦不堪；没有审美情趣，就会在以后的生活中感到少了很多乐趣，甚至少了意义。相反，一个德、智、体、美全面发展的学生，非但当下快乐，将来还会有一个幸福的生命状态。如果从学生一生的发展上看，学校使学生德、智、体、美缺少任何一个，都不是对学生的生命成长负责。

周春良：苏州一中的办学理念正是"为和谐发展而教育"。"中而至庸传承千载，和而不同润泽百年。"我时常觉得我们当年在百年校庆

◎ 校园一角

时使用的主题语道出了教育的真谛。当然，具体到苏州一中的实际情况来讲，我们认为和谐至少体现在以下几个方面：一是学校发展、教师发展、学生发展同步；二是德、智、体、美协调，教学做合一；三是规模、结构、效益优化。

陶继新：所谓和谐，是因主体不同而内涵有别的。如果谈整个国家的和谐，其就有更大的外延。您说的学校和谐的三个方面，则又有另外的含义。学校发展、教师发展和学生发展是相辅相成的，其中之一不发展，必然影响到其他两个方面；只有都发展，才能构成一种和谐。"教、学、做合一"既有启智方面的和谐，也有做人方面的和谐，而且两者又是有机结合在一起的。王阳明在谈到知行合一时说："知是行的主意，行是知的功夫；知是行之始，行是知之成。"两者是不可分割的，甚至是一回事，这才是高层次的和谐。可以说，没有这个和谐，教学就成不了真正意义上的教学。"规模、结构、效益优化"当然属于学校和谐的内容，因为三者同时优化，学校才能做大做强，才能成为学生成长的人生摇篮，更多的优秀人才才能脱颖而出。

优秀校长应该是走在队伍后面的人

周春良：我们的这些理念可能并不差，但我自己经常反思，这些理念能否真正转化为每个教师的理念和行为，扎根于每个教师的心中，就像学习实践叶圣陶教育思想一样，能否将其转化为学校的育人模式？学校只有达到这个目标，才算成功，才是有真功夫，否则这些理念就只是标签，学校也有名无实。从这个意义上说，校长应该是走在队伍后面的人，与教师水乳交融，荣辱与共。教育没有神话，校长需要自我清醒的认识。很多校长对外宣讲的只是他自己的独角戏台词，而不是教师所做所想。我常常思索的就是这一点：我与我的同事们的价值观、理念和思维是保持了最大可能的一致，还是成了两条并行不悖的平行线？

陶继新：理念要真正起作用，核心是内化。没有内化于师生心里的理念，就犹如天上的白云，随时会随风飘去。您在这方面进行了积极的探索，也取得了一定的成效。

您说的"校长应该是走在队伍后面的人"，令人耳目一新。这并不是说校长的思想落后于学校队伍里的其他人，恰恰相反，您在思想方面是这个队伍的先行者和引领者。您的意思是说校长的理念应当彻底融于队伍之中，并让他们自觉、主动地行动起来。只有这样，校长才能"无为而治"，并在他们后面观赏一道又一道的风景。

周春良：我和教师说过，教研组成为教研集体才有战斗力，班级成为班集体才会发挥教育功能。也就是说，不管是学科教师还是各级学生，他们组成的教研组或班级只是自然组合，而不是团队。形成团队，至少具备三个要素：共同的奋斗目标、共同的价值取向、共同的行为规范。一所学校、一个年级组、一个学科组可能没有一流的大师，但可以形成一流的团队，照样可以创造一流的价值。这样，学校的发展或者说学校的生命传承才不会寄托在某一个"好校长"身上，学校的命脉才不会系于一两个优秀教师身上。

陶继新：合作共赢是当今时代的主旋律。但真正意义上的合作必须形成团队精神，群体成员要有一荣俱荣、一耻共耻的荣辱观，有你进我进共同进的集体意识，有"己欲立而立人，己欲达而达人"的"忠道"精神。它是属于学校精神文化的一个重要内容，处于学校发展的核心部位。这样，学校里的各个团队才能具备您说的"三个要素"。这种优质的精神文化一旦形成，学校发展就有了必然之势。

成就人生，像叶圣陶那样做教师

周春良：好习惯可以成就好人生。学校要培养具有良好习惯的学生，必须先有具备良好习惯的教师。叶圣陶先生曾经创办了"生生农场"。先生和学生相互学习，互动相长，无限美好。"只有先做学生的学生，才能做学生的先生。"事实上，很多教师对学生研究得不够，心中只有考试分数。教师必须把研究学生作为一切教育教学活动的起点，才能真正收到教育实效。可见，养成研究学生的习惯，是教师成为名师的基本条件。

陶继新：教师只见教材不见学生，教课的时候就必然是"无的放矢"。孔子倡导的因材施教，其要义就是教师要"目中有人"，因人而教。所以，同样的问题，不同的学生提出，孔子的回答也是不同的。仅一个"仁"字，孔子就有100多种不同的说法。他的学生司马牛问"仁"的时候，孔子甚至说"仁者，其言也讱"。这句话的意思是，有仁德的人，说起话来迟钝缓慢。司马牛大惑不解，随之问道："其言也讱，斯谓之仁已乎？"他的意思是，难道说起话来迟钝缓慢就是仁吗？孔子说："为之难，言之得无讱乎？"原来，孔子认为，做起来难，说起话来怎能不迟钝缓慢呢？司马牛本身就是一个"多言而躁"的人，就更需要"其言也讱"了。看来，教师要想"因材施教"，就必须养成"目中有人"的习惯。

周春良：推动教师养成良好习惯似乎比推动学生形成良好习惯更难，但教师对学生的影响是巨大的，学校非做不可。要想办一所理想的学校，就必须建设一支优秀的教师队伍。我们把研究学生、研究教材、研究课程标准和考试说明作为教师的基本功，努力推动教师在这些方面下功夫，进而养成习惯。换句话说，一个不愿学习、不会学习的教师怎么可能教会学生学习呢？

陶继新：教师养成研究习惯之后，研究的能力自然也会不断提升。这样，他们就会对研究产生浓厚的兴趣。这种状态持续的时间长了，就会使一般教师成为名师，继而成为教育专家。"名师出高徒"，于是，学生就成了更大的赢家。因为学生在一个有着丰富素养与良好习惯的教师的言传身教中，也会有好的习惯与比较丰富的学识。

周春良：有人写了《跟苏霍姆林斯基学当老师》这本书，有时候，我常想，陶老师什么时候也写一本《像叶圣陶那样做教师》？我想那一定会对中国教育界重视叶圣陶教育思想，用传统教育思想精华指导教师做好教育工作大有裨益。

陶继新：对于叶圣陶先生，我一直心怀崇敬，甚至有一种"仰之弥高"的感觉，只是研究不足，不敢妄自写书。不过，对于孔子的哲学思想与教育思想，我有着特殊的兴趣。我在49岁的时候，就对《论语》80%以上的内容进行了背诵。多年来，我一直没有放松过对《论语》的学习与研究，而且开设了诸如《<论语>心悟》《<论语>解读》等讲座。不过，我还真要下一点大气力研究一下叶圣陶的教育思想，因为他是中国为数不多的大教育家，不深入研究叶圣陶，是研究不好教育的。

周春良：我们正在酝酿做两件事，在千年紫藤苑设计布置叶圣陶教育展馆和吴文化教育传播基地（针对中小学师生）。文化是有个性的，教育现代化绝不应该等同于教育西化，只有民族的才会是世界的。作为根植于苏州的学校，苏州一中应该充分挖掘本土文化资源，并将其转化为教育资源，推己及人，由内而外，这大概也应该是苏州一中发展的正确策略。

陶继新：你们要做的这两件事不但很有价值，而且完全可以做好，因为你们有得天独厚的"地利""人和"的优势。将此事做好，对于苏州一中具有划时代的意义。而对于这笔文化教育资源不予挖掘，实在是一个巨大的遗憾。苏州一中是全国名校，将这件事付诸行动之后，苏州一中会更加有名，即便你们不是为名而做，得名也是水到渠成的事情。

周春良：我不敢断言全国各地的教育同仁在看到这篇对话的时候，对苏州一中把学习实践叶圣陶教育思想作为办学特色会做出怎样的反应，因为据我所知，全国名校中还没有类似的表述。说这话的意思并不是我觉得我们关于学校办学特色的表述很"特"，而是我觉得有的校长对办学特色的理解还不到位，至少失之偏颇。比如，按照大家"通行的规范表述"，苏州一中的特色也可以总结为以下四点：以机器人为代表的科技创新教育；以羽毛球为代表的体育运动特色；以百年昆曲走进百年一中为代表的吴文化和艺术教育；以国际预科为代表的双语和出国留学教育。但这些只是特色项目而已，并非办学特色。

陶继新：你们的四个特色项目也属于"特"的范畴，但正如您所说，特色项目与办学特色是两回事。前者你们学校有，其他学校也可以有；而后者则不然，是"人无我有"。这种办学特色几乎没有其他学校可以借鉴的地方，其他学校必须独创且要形成品牌。所以，它有着巨大的文化教育价值，不但可以成为同行参观的"风景"，更可以让大家从这道"风景"中看到你们学校深厚的文化底蕴、办学者的思想厚度与张力，以及师生的创造才能与文化追求。

用先进的理念引领学校发展
——山东省青岛第二中学的良知责任与发展走向

山东省青岛第二中学（以下简称"青岛二中"）时任校长孙先亮非常愿意与教师和学生在校园中散步。看着一草一木、一楼一亭，他常常自豪地说："青岛二中的校园真美！"同时，他那深邃的目光中也流露出一份美丽的期待，他期待着素质教育在青岛二中结出累累硕果，他期待着新课程改革在青岛二中能够顺利推进，他期待着给青岛二中学生一个幸福发展的未来……

从教以来，孙先亮已将自己的生命融入学校的发展之中。同时，他也与师生一起勤奋地耕耘着，幸福地收获着。为此，笔者与孙先亮进行了对话，现将对话的部分内容整理如下，以飨读者。

先进理念成为学校的灵魂

孙先亮：我认为，一所好的学校要靠一种先进的办学思想和理念来引领，所以从 2000 年开始，我就将学校的办学思想和理念的建设作为一项非常重要的任务。我结合自己在青岛二中工作期间的观察和对学校办学实际的认识，经过学习与思考，不断地提出新的理念和思想。这是一项系统工程，既要对传统进行良好的继承，又要紧跟全国甚至整个世界教育发展潮流进行与时俱进的变革。这样才能使这种理念和思想不断地引领学校发展。

陶继新：思想决定行动，有没有思想是一个校长水平高低的试金石。我在与您交往的过程中，发现您是一位很有思想的校长。青岛二中是一所远近闻名的学校，您的理念与思想为这所学校增添了生命的活力，使其有了快速的发展。这其中固然有您与大家的努力，但您的思想不失为一种隐性的力量。这种力量不但会对现在学校的发展起作用，还会对其未来的发展发挥作用。

《周易》有言："形而上者谓之道，形而下者谓之器。"可是，更多的校长还在"器"的层面不停地徘徊。这样的话，他们往往就会陷入繁忙的事务之中，而无法进入游刃有余的"道"的层面。我发现，您经常关注道的问题。您读的书也多是高层次的，是与道相接的。而一个与道分离的人是永远抵达不了高层境界的。

孙先亮：我最早接触先进的教育思想是在大学期间。有一次，听了上海市建平中学时任校长冯恩洪谈他们学校如何实施素质教育，我当时就想，如果让我到一所学校当校长，我也应当用这样一种先进的教育理念去引领学校发展。1999年夏天，青岛二中高中部东迁至高科园地区，而我就留在了青岛二中初中部，之后又在改名后的青岛育才中学主持工作。那半年的时间是我思考最多、真正有机会尝试自己多年的教育理念的一段时光，我让我的思想以及由此衍生出的办学设计理念在这样一个初中校园里得以初步实施。那时，在青岛二中初中部和青岛育才中学，丰富多彩的校园生活让每一个孩子充满了对学校的兴趣以及对学习的兴趣，我由此感觉到工作带给我的幸福，但那时的我思想还处于刚刚起飞的阶段。

陶继新：您在上大学的时候就有一个如此美好的梦想，还对其进行了深入的思考，真是令人赞赏。而在青岛育才中学主持工作的时候，您也在深入地思考。我想，这个时候您已经开始思考如何在一所名校里实践您的思想，而且这种思想一旦化为现实，就会成为一道美丽的风景。从您的字里行间，我感受到了您在青岛育才中学工作时的快乐与愉悦。如果没有对学校与学生工作的热爱，您是不会有这种感觉的。而这种感觉再与深邃的思想结合，就会产生一种特殊的生命张力。于是，不但您自己开始起飞，学校也快速发展起来。

这样看来，在上大学与青岛育才中学工作期间，您已经为未来到青岛二中担任校长进行了有效的热身，尽管那个时候您还不知道自己会到青岛二中担任校长。可见，您是一个有宏大志向的人，您的思想也是一般校长未必拥有的。

孙先亮：正如您所说，思想的形成是与坚持不懈的学习与思考密不可分的。我深知，我们每天面对繁杂的工作的时候，很容易受到一些琐碎事情的干扰。学习，特别是阅读一些中外哲学大师的著作，与他们对话，我们才能真正找回自己心灵深处的那一份宁静，宁静才能致远，才能使自己的思想更加高瞻远瞩、高屋建瓴。所以您说的"道"，其实就是我们对于任何事物的本质和规律的把握。在崂山太清宫有这样一句话："天人合一，道法自然。"我想，其中的"道"一定是我们要站在历史的高度去俯视自然界和人类社会的一些本质性的东西。作为教育工作者，我必须拥有这样一种跳出教育看教育的心态，才能真正体验到"会当凌绝顶，一览众山小"的感觉。

陶继新： 校长事务之多可想而知，可是，校长如果整日沉浸于忙碌之中，不给自己留一点思考的空间，特别是没有入"道"的感觉，就会被俗事缠身而丧失自我，学校也会因此丧失发展的机会。我与您一样，特别欣赏"天人合一，道法自然"。而真要做到"天人合一"和"道法自然"，却不是一朝一夕的事情。我们共同的爱好是读书，而且是"取法乎上"地读高层次的书；读完之后，还要进行实践，甚至是生命感悟性的实践。只有这两者结合，我们才能有"会当凌绝顶，一览众山小"的感觉，即对待在别人看来非常复杂、困难甚至令人痛苦的事情与工作，自己却能够驾轻就熟、从容自若地进行处理，甚至有一种审美体验。

◎ 校园景色

用先进的理念引领学校发展
——山东省青岛第二中学的良知责任与发展走向

办学思想决定发展走向

孙先亮：2000年，我被调入青岛二中。其实，当时尚还年轻的我，感觉还不能够很好地去承担这一份沉甸甸的责任。但是，年轻却又是我最大的资本，我可以去探索，即使会失败，也决不做一个墨守成规的守业者。我在负责起草学校工作计划的时候，把我在新世纪办学条件已经发生很大改变的背景下的学校发展构思融入其中。当时，大家都用比较惊奇的目光来看待我的这些设想，而老校长却已经体悟到其中的思想内涵。其实我当时想的是，思想与观念的转变是一个逐步渗透和濡染的过程。虽然那个春天我从青岛育才中学回到了青岛二中新校区，但那时我的主要责任不是构建一个新的学校发展战略框架，而是规范学校管理。我知道，计划当中的那些想法不具备实现的条件，但是我要让更多的教育工作者知道，在新世纪，教育思想对学校发展的引领价值。

陶继新：年轻是一笔资本，它给了年轻者失败的机会，也给了年轻者创造奇迹的机遇。年轻者失败了可以重新再来，可以让失败成为成功之母；成功了可以再接再厉，而且为未来更大的成功积累经验。但是，年轻者绝对不能亦步亦趋、墨守成规，必须开拓创新。唯有如此，他们才能开创一番大的事业。2000年春天是您生命的另一个开端，也是青岛二中发展的另一个起点。因为您的设想是容载着您超前的思想又烙印着您的个性的。尽管当时那还是一种设想，或者说是一种理想，但是教育是不能没有设想与理想的。它们未必当下就能实现，却让人们从这种高远的预设中看到学校发展的远景。尽管有的人感到惊诧，可是，这正说明了您思想的超前与领先。况且，事实给了人们一个圆满的回答，尽管经历了一段时间。其实，一位优秀的校长在规划学校前景的时候必须有前瞻意识。而这种前瞻意识，又是校长立足于实践进行深层思考后得到的结晶。

孙先亮：学校办学思想的构建是有一个过程的。在2000年秋季工作计划中，我全面阐述了自己的办学思想，提出了学校的办学目标是"实施素质教育，形成办学特色，创建世纪名校"；育人目标是"造就终身发展之生命主体"；办学指导方针是"以真诚凝聚人心、以制度规范行为、以机制激发活力、以思想引导方向、以素质赢得素质"；办学模式是"成功园丁模式、创新教育模式、学生自主发展模式"；办学特色是"人格健全、素质全面、终身发展"。当时的这些思考和我们今天的办学思想内容是不同的，这也反映了我们不断创新的心路历程和探索感悟。例如，我们今天的办学目标已经变成了"深化素质教育，优化教育资源，凸显办学特色，创建国际名校"。从"实施"到"深化"，从"形成"到"凸显"，从"世纪名校"到"国际名校"，我们不断以更高远的境界和更开阔的视野引领学校走向未来。再如，办学特色从"人格健全、素质全面、终身发展"到"自主·开放"，这种抽象更体现了我们对师生和学校发展的深邃思考。

陶继新：在办学思想的形成过程中，我看到您一开始就对素质教育有着特别深厚的兴趣与研究；后来全面的阐述更是对以前认识的一种深化，也是结合青岛二中飞速发展的实际情况进行的进一步升华。正是这种思想的正确性与坚定性，才让青岛二中在应试教育"黑云压城城欲摧"的时候，依然保持对素质教育的坚守与实践。

孙先亮：我的很多对教育的理解都贯穿在我们为学生、为教师以及为学校发展所设计的实践性探索上。但是我深知，思想永远不可代替实践，而实践也未必能完全让你的思想生根、开花与结果。在追求素质教育的道路上，我常常为自己能够不断在"为学生一生的发展和幸福负责"的目标的指引下思考与探索素质教育感到高兴。

但是现实的压力又是巨大的。2004年高考成绩公布之后，报纸上有篇文章对南京一些学校高考成绩下降提出了批评，当时青岛一家报纸也发表了类似的文章，指出青岛市区全部高中高考升学的人数不如郊区的一所中学，社会的矛头直指青岛二中。那些批评的声音铺天盖地地向我袭来，甚至有人说青岛二中的校长已换成了郊区某所中学的校长。与此同时，我的父亲又突然去世。面对强大的舆论压力和丧失亲人的痛苦，我内心备受煎熬。本来就难以入眠的我，当时更是长夜无眠。我在想，难道素质教育就这样"夭折"了吗，我们的方向有问题吗，我们的问题出在什么地方？我在教育一线奋斗了这么多年，进行素质教育并不是我一时的冲动，而始终是我坚定不移的信念。在不久后学校召开的教学工作会议上，这种外在的压力已经演变成内在的压力，学校里也出现了一些质疑我们办学方向和理念的声音，甚至一些人的发言中有让青岛二中素质教育调转方向的意思。此时，我知道，我们离成功可能已经很近了，但也可能非常遥远。所以，在上午的会议结束之后，我召集教研组长及中层干部研究下午讨论事宜，提出"四个坚持不动摇"——"坚持深化素质教育不动摇,坚持提高教学效益不动摇,坚持凸显办学特色不动摇,坚持打造教育国际知名品牌不动摇"。青岛二中素质教育的方向是没有错误的,我们必须以"严格、细致、扎实"的管理方针更好地落实各项素质教育政策措施。由此,青岛二中进一步坚定了学校素质教育的办学方向,增强了广大教职工实施素质教育的信心和决心。

陶继新:报纸上的那篇文章之所以在全国掀起一场不小的风波,是因为当时应试教育已经"深入人心",学校、家庭与社会上的很多人已经将高考成绩与学校的优劣、成败混为一谈。所以,重点高中一旦出现高考成绩不佳,人们就会群起而攻之。这是一个悲剧,不单是教育的悲剧,也是社会的悲剧。在那个时候,您的压力之大是可想而知的。如果您意志稍不坚定,就可能从素质教育的路上调转方向,那样,一切指责与为难都会烟消云散。可是,您一贯坚持的素质教育也会前功尽弃。更为重要的是,那不是您的归宿。您的"浪遏飞舟"彰显出的是您的坚强和您对素质教育的坚定不移的信念:素质教育是不能走回头路的,青岛二中这个品牌不能毁在应试教育这场不规则的战争中。

几十年的生命历程,使我得出一个结论:一个人对于困难特别是重大困难的承受力越强,其成就就越大,人格魅力也就越大。克服困难不但需要勇气与胆识,而且需要良知。我想,您之所以能坚持下来,主要还是因为学生。他们在青岛二中的幸福成长,是对您最大的精神奖励;如果青岛二中回到应试教育的轨道,学生当是最大的受害者,而您的心灵同样会受到难以愈合的伤害。

孙先亮:教育发展的可持续性一定来自学校的文化,正是我们对办学思想的不断提升使学校形成了这样一种民主、平等、创新与卓越的文化氛围。这么多年来，我们的每一次创新与变革无不体现着波浪式前进和螺旋式上升的辩证过程，所以，今天的"二中人"已经把创新作为学校发展的灵魂，文化创新、制度创新、方式方法创新等，都使学校不断地突破传统、超越自我、跨越发展。办学思想的形成仅仅是学校发展的开始，要实现我们的追求，还要为思想落地创造更多有利的条件。

陶继新：我有一个讲座题目就是"文化建设：学校魂兮所系"。文化建设应当是学校发展的关键所在。而学校的文化建设，不但要"建设"，而且要"化"；没有"化"的学校文化建设，就像是一个"理论家"纸上谈兵，听者大多不感兴趣，更不会将其理论付诸行动。在采访教师和学生的时候，我的一个突出的感受就是，你们的民主、平等、创新与卓越的文化已经内化到了教师和学生的心里。于是，您可以"不令"，师生照样在"行"，而且行得照样精彩。比如，你们招标让学生自主承办学校运动会等，就是学校文化扎根于学生内心结下的一颗异常丰硕的果实。而更为可贵的是，这种文化还会不断地迁移。学生到了今后的大学，以至工作单位和社会上，都会流溢出青岛二中的文化气息，从而熏染他人，悄悄地起着"以文化人"的作用。

孙先亮：学校发展战略的构想，是决定学校发展的方向与水平的重要课题。作为一名校长，我时常把思考学校发展战略作为我最重要的职责。随着学校办学水平的不断提高，发展战略问题显得更具有长远意义和引领作用。从学校发展的实际和对国际教育发展潮流的判断出发，我提出了教育"精品化和国际化"战略。在许多学校办学规模不断扩大的形势下，我认为，青岛二中这样一所学校必须真正担负起自己应当承担的历史和社会责任。因此，青岛二中始终重视内涵的发展，把对学生的精品化培养、实现办学的高层次作为追求，使每一个进入青岛二中的学生能够获得高质量的培养。同时，处在一个开放的时代，我们必须让学校办学和学生发展能够符合国际人才的培养需要，着力于培养学生的国际交往能力和国际文化理解能力。所以，在这样的战略指导下，我们始终在更开阔的国际视野和更高素质的学生培养中处于领先地位。2005年，我校高二学生林鄰被美国斯坦福大学以全额奖学金录取。从那以后，青岛二中每年均有不少优秀学生被世界名牌大学录取。我们并不是为世界名校录取我们的学生感到自豪和骄傲，而是为我们培养的孩子既能够适应国内名校的教育环境，也符合世界名校的录取条件而感到欣慰。从某种意义上说，对于人才的培养是没有国界的，教育只有符合人才成长和发展的规律，才能真正造就出优秀的人才。正因为战略的引领如此重要，我在面对战略选择时才备感压力。为了更好地集思广益，充分利用校内外各种资源，近些年，我们每年都要举办"学校发展战略研讨会"，让教育专家、企业精英、家长代表和教职工代表从不同角度对学校发展战略进行深层思考。正是有了开阔的战略决策的胸怀，我们学校才能真正不断地超越自我、实现创新。

陶继新："精品化和国际化"战略，是您基于青岛二中的软实力提出来的，其中烙印着您的远见与胸襟。青岛二中的一些学生为什么能走进世界名牌大学？因为他们具备了走向世界的品格与能力。"冰冻三尺，非一日之寒也。"青岛二中有一方培养世界性人才的沃土，学生破土而出之后，就能够在更肥沃的社会土壤中长成参天大树，从而成为青岛二

◎ 丰富多彩的学生活动

中的荣耀,进而为我们的国家争光。现在,整个世界就如一个地球村,而你们的学生就成了真正意义上的地球村的村民。他们假如只是在应试教育的圈子里转悠的话,就看不到这个世界的绚丽多彩,更不可能步入其中而挥洒才思。

近年来,你们举办的"学校发展战略研讨"已经从教育这个领域延伸开来。学生在青岛二中校园里聆听教育,特别是教育之外的各个领域的精英人士的精神声响,在他们思想的熏染下,能潜移默化地提升走向卓越的品质。

良知责任成为心灵的考量

孙先亮:在做学生教育工作时,我想得最多的是让他们幸福和快乐,而很少去想我能获得的成绩。我非常期待荣誉,因为那在某种意义上是对我人生价值的肯定，但是这些身外之物不可能让我有持久的坚韧不拔的追求。我必须超越这些，正如居里夫人将所获奖杯给孩子当玩具一样。对于教育工作者来说，最好的荣誉不是外在的奖励，而是学生实实在在的生活表现。只有学生的健康成长与发展以及他们由此获得的社会广泛的、高度的认可，才能真正延续教育工作者的生命。

陶继新：期待荣誉是人之常情，可是，这些比起一个人的心灵成就显得微不足道了。陈寅恪先生会十几个国家的语言，在几个世界顶尖的大学以优异的成绩读完了博士学业。但是，他一个学位也没要。可他的人格与学品构筑了一道中国人文学者的丰碑。现在，很多人对荣誉孜孜以求，甚至不择手段。外面的世界很精彩，可是，正如老子所说，"五色令人目盲，五音令人耳聋，五味令人口爽，驰骋畋猎令人心发狂，难得之货令人行妨。是以圣人为腹不为目，故去彼取此"。所以，我欣赏您对心灵高尚的追求，而且相信这种追求会对全校师生产生一定的影响。这种影响还会在他们以后的生活、工作中彰显出更大的作用。

孙先亮：教育的良知与责任在我这么多年的教育经历中一直是我心灵深处最大的力量。它不允许我因为个人的荣辱得失而动摇。我认为，良知是人内心深处最感性的东西，它源于我对学生的爱，那就是不能让学生只有今天没有未来，不能让学生只有知识没有能力，只有分数没有道德。每当我在前进过程中遇到困难时，这种良知总是在不断地追问我："你爱学生吗，你希望他们的未来是什么样的？"可能在人生当中唯一让我屈服的就是这样一种追问。承担起自己身上的责任是我们对于教育的一种理性担当。我们是教师，法律规定了我们的权利与义务，其核心是要对学生负责、对国家和民族负责。良知与责任的结合使我们既要对学生和教育事业充满热爱之情，又要对学生和社会负起责任。

陶继新：良知与责任是相辅相成的。良知使人更有责任，责任之中弥散着良知，而这两点对于校长尤为重要。校长如果没了良知，没了责任，就会影响到众多教师和一大批学生的生命状态。您坚韧不拔的品质背后彰显的正是这种良知与责任。一个经常接受良知与责任拷问的校长无疑是高尚的。

孙先亮：做教育，最重要的品质就是拥有爱，并且真诚地去爱学生。所以，我总是把对他们一生发展最大的期待作为我思考、设计教育战略的出发点和终极归宿。作为一个在教育的道路上前行的人，我总是不太顾及那些容易让我失去自我、干扰理想目标实现的功利性的诱惑，也不顾及人们对我这份努力的质疑和批评。相对而言，我的理想目标是更重要的，它关系学生一生成长的内容。

陶继新：真正将自己的价值追求定位于学生一生的成长，就不会被与之相悖的其他诱惑左右。一个校长，不管你如何兢兢业业，不管你有多么大的能力，都会遭遇来自各个方面的质疑。可是，我觉得，这恰恰是一个有追求、有理想、有生命意识的校长的生命常态。所以，这个时候，校长不能灰心丧气，不能裹足不前，而应当一如既往地走下去，因为前方有一道自己心灵最渴望看到的风景，那就是学生在不断地成长。而同时，校长也会取得一个又一个成绩，甚至是比较大的成就，而这也是校长的生命常态。这个时候，校长同样不能忘乎所以、趾高气扬，而应当一如既往地走下去。这正是我从您这里得到的感悟。